CONSTRUYENDO PUENTES

Cómo entender y colaborar con el talento de las nuevas generaciones

CRISTIAN VILADOMS

PRÓLOGO DE XAVIER MARCET

KOLIMA
BOOKS

Título original: *Construyendo puentes.*
Cómo entender y colaborar con el talento de las nuevas generaciones

Primera edición: marzo 2026
© 2026 Editorial Kolima, Madrid
www.editorialkolima.com

Autor: Cristian Viladoms
Dirección editorial: Marta Prieto Asirón
Maquetación de cubierta: David Visea
Maquetación: Carolina Hernández Alarcón

ISBN: 979-13-88155-04-8
Depósito legal: M-5629-2026
Impreso en España

A Esmeralda, mi 'Gen X' compañera de viaje, y a mis hijos, Guillem y Yeray, más 'zoomers' de lo que se piensan.

Índice

Prólogo

No soy capaz de contar las veces que al final de las conferencias se me pregunta sobre los jóvenes y su relación con el mundo del trabajo. A partir de ahora tendré muchos más elementos para pensar mis respuestas.

Cristian Viladoms trata un tema por un lado candente hoy y por otro el mismo desde la Grecia clásica. Viladoms tiene experiencia. No toca de oído. Mantiene la mente bien abierta y ahorra miradas de superioridad moral sobre generaciones que no son la suya. Radiografía desafíos, patrones y contradicciones. Nos ayuda a pensar en el encaje generacional. Si me atengo a mi experiencia personal percibo pocas de las características que se atribuyen normalmente a los jóvenes contemporáneos.

Tengo la gran suerte de trabajar rodeado de gente de 30 años, profesionales muy capaces y que no ahorran esfuerzos. Pero eso no quiere decir que no se pueda dibujar un perfil generacional con acierto como el que Viladoms describe en este libro y que refleja una nueva cultura social respecto del trabajo y de la empresa. El puzle generacional que plantea es muy interesante. Las empresas son comunidades diversas que tienen en esa diversidad una gran fortaleza. Los patrones generacionales nos sirven para entender lógicas colectivas, aunque después cada persona, sea de la generación que sea, construye comportamientos singulares. De vez en cuando algún factor pone en jaque a algunas de las personas de una generación. La transformación digital afectó especialmente a las generaciones mayores que no eran hábiles en el manejo de las computadoras. Ahora la inteligencia artificial puede poner en jaque a las generaciones más jóvenes, puesto que lo que ofrece es lo que acostumbran a ofrecer las nuevas generaciones cuando se incorporan al trabajo. Podemos vivir una especie de edadismo invertido que expulse a aquellos que, al no tener experiencia, no sean capaces de aportar demasiado a lo que suma la IA. Lo veremos, pero el riesgo existe.

Las empresas son comunidades de personas que se mueven entre un propósito y un legado y que tienen que ganar dinero si quieren sobrevivir. Son comunidades que se expresan en culturas corporativas pero que no viven aisladas. Tienen códigos propios en las que cada generación deja el sedimento de su forma de ver el mundo, su modo de vivir la empresa y el trabajo. Los fundadores y la generación de estos siempre tiene ese peso diferencial de los primeros momentos, pero las culturas corporativas evolucionan con los matices que aporta cada generación. Las más jóvenes expresan una menor fidelización corporativa al poner otros factores en el centro, con unas vidas que ya no están vertebradas a partir del trabajo, donde el sentido y la conciliación pesan más que la lógica del esfuerzo y el apego corporativo. Son generaciones que emergen tras décadas de un cierto bienestar y estabilidad. Su concepto de prosperidad no se fundamenta en los valores de los *baby boomers*. Siempre pienso que si las generaciones más jóvenes son capaces de mantener los equilibrios sociales a los que aspira Europa trabajando menos y con menos esfuerzo nos darán una lección de primer nivel a las generaciones anteriores y deberemos aplaudirlos con humildad. Pero si no lo consiguen, si resultara que las empresas no son competitivas con poca gente que se sienta muy comprometida y no ahorre esfuerzos, entonces no hay mucho que debatir: tendrán que volver a los esfuerzos y el trabajo retomará más protagonismo en sus vidas. Además, nunca hay que olvidar que las generaciones más jóvenes, con todo lo que aportan y lo que desafían, no detienen el tiempo;

evolucionan y cambian los axiomas generacionales con cierta naturalidad.

Nuestro reto compartido, transversal a todas las generaciones, es poder definir empresas que sean territorios de equilibrio. En las que los clientes sean la prioridad –sin ellos no hay empresa–, pero que el hecho de hacer crecer a las personas esté en el ADN de sus culturas corporativas. La estrategia son las personas, de todas las edades. Una empresa es la suma de sus personas. Necesitamos empresas que crezcan haciendo crecer a sus clientes, sus trabajadores, sus accionistas y la propia sociedad. Empresas que sepan moverse bien en el triángulo competitividad-personas-belleza. Si cada generación aporta sus rasgos propios pero sirve para fundamentar este triángulo solamente podemos mejorar. Hace años que defiendo que el *management*, propio de la era de la inteligencia artificial, debe ser un *management* humanista. Un *management* de equilibrio entre todos los actores y generaciones de la empresa.

Quiero agradecerle mucho a Cristian Viladoms el que nos haya brindado su experiencia y perspicacia en este libro, tema candente al que volveremos siempre. Las generaciones se desafían. Juegan al juego dialéctico de Hegel: se contraponen, la antítesis se opone a la tesis, para crear una síntesis que deviene una nueva tesis que alguien un día volverá a desafiar. Hay cosas que son seguras: como que aquellos que hoy desafían un día serán desafiados. Y es que en cada ronda de desafíos hay una oportunidad de mejora, una oportunidad para repensar, una oportunidad a concretar. Gracias, Cristian por haberme permitido el honor de hacer este prólogo y por la generosidad de compartir unas reflexiones oportunas y necesarias. No tengo duda alguna de que tus compañeros responsables de la gestión de personas no se perderán estas páginas.

Xavier Marcet

Barcelona, 19 de noviembre de 2025

Prefacio

He querido escribir un libro. No ha sido fácil, pero ha constituido una gran experiencia. Además, quisiera dejar algo útil a la sociedad, a mis lectores, mis amigos y mi querida familia. La semilla de este libro lleva muchos años en mí. Con más de 30 años de experiencia en la dirección de Recursos Humanos he tenido la oportunidad de experimentar en primera mano el gran poder e influencia que tienen los equipos de dirección en las empresas. Y he podido experimentar entornos estresantes, tóxicos y única y exclusivamente orientados al cortoplacismo y a los resultados. Pero también he vivido entornos empáticos, con líderes humildes, enfocados al medio y largo plazo, donde los equipos, además de conseguir excelentes resultados, se lo pasaban en grande. Soy un convencido de que la clave está en las personas. Afortunadamente creo que los elementos se están conjurando para propiciar entornos con mejores valores y más humanos en las empresas. Y creo —lo digo así en base a una opinión formada por lo mucho que he estudiado y el peso de la intuición y la experiencia— que cada generación ha ido contribuyendo un poquito más en esa dirección. Todos los grupos han aportado su granito de arena, pero seguramente son los *millenials* y los *centennials* los que están propiciando un punto de inflexión. Como repito durante el libro, no han venido a adaptarse, sino a transformar la sociedad. Por las circunstancias que explicaré, estas generaciones están enfocando la vida y el trabajo de otra forma. Y ello empujará también a las empresas a actuar de modo diferente si quieren tener capacidad de atracción y retención del talento.

En este libro intento hacer una disección lo más objetiva posible del contexto en que nos estamos moviendo y de las previsiones futuras de la población activa y la escasez de talento, que, ahora sí, se avecina. Y también pretendo estudiar las motivaciones de los distintos grupos generacionales y cómo se puede sacar lo mejor de cada uno de ellos. Propongo muchos consejos y prácticas tanto para personas como para empresas que espero puedan ser útiles. Me gustaría pensar que es un manual que se puede leer con un rotulador fluorescente en la mano que permita destacar aquellos mensajes o propuestas que se ajusten mejor a ti, tu realidad organizacional o tu empresa.

Encontrarás un glosario de términos al final del libro ya que utilizo mucha nomenclatura en inglés (y me excuso por adelantado), pues es la forma en que se reconocen algunas prácticas o habilidades, y, o no tienen traducción, o, si la tienen, no se relaciona con lo pretendido; y también hay conceptos que pueden requerir alguna explicación adicional u otros que son directamente inventados.

Además incorporo también la experiencia vital y profesional de 11 grandes personas. Primero porque son excelentes personas, y después excelentes profesionales. Desde CEOs a becarios. Desde el sector del lujo hasta la Administración pública. Desde los veintipocos hasta los sesenta y algo. A todos ellos les he preguntado por sus inicios, sus experiencias con otras generaciones, sobre qué funcionó y qué no fue tan bien y sobre qué nos proponen para construir puentes entre unos y otros. Gracias, mil gracias a todos ellos. Al final de cada capítulo encontraréis un código QR que os dirigirá a su página de LinkedIn. Como aclaración veréis que a todos los clasifico como *early, middle* o *late* para explicar si nacieron al principio de su generación, en el quinquenio medio o al final. Esto nos puede servir para intuir si en su forma de pensar puede estar más cerca o más lejos de la generación previa o posterior. Valoro sus aportaciones muchísimo. Recomiendo leerlas todas y anotar sus propuestas. Hay verdaderas joyas de gestión, *management* y liderazgo.

Ya adelanto que ante la pregunta de cómo se pueden construir puentes entre generaciones la mayoría ha respondido creando espacios de interrelación. Les he pedido que nos faciliten una frase o reflexión con la que se identifican. Yo también quiero aportar mis frases y facilito dos de dos grandes maestros: la primera de Larry Bossidy, «*at the end of the day you don't bet on strategies, you bet on people*», y muy en la misma línea, de Xavier Marcet: «La estrategia son las personas». Con ambas me identifico al 100 %.

Entre el cierre y la corrección de este libro surgieron las revoluciones de la Gen Z en Marruecos e Indonesia. He querido dedicar un capítulo al estudio de este fenómeno y sus precedentes, causas, consecuencias y lecturas que se pueden derivar.

Y para acabar un *tastet* o pequeña cata de lo que será la Generación Alpha y cómo la deberán gestionar los *millenials* y *centennials*.

Quiero hacer un punto y aparte para agradecerle a Xavier Marcet, referente, modelo a seguir y ejemplo profesional a imitar, que haya tenido la amabilidad y la generosidad de escribir el prólogo de este libro. A Xavier lo tengo en un pedestal ya que creo que no he conocido ni leído nunca a nadie que tuviera una capacidad tan alta de sintetizar pensamientos, ideas y realidades en frases tan certeras y acertadas. *Moltíssimes gràcies, Xavier; sempre estaré en deute!*

Este libro pretende también destilar un aroma a valores, principios, buen *management* y liderazgo. Porque es en lo que creo, lo que he visto en muchos líderes, profesionales empáticos, humildes, orientados por igual a resultados y personas que tienen la sensibilidad y la flexibilidad suficientes como para saber comportarse ante diferentes escenarios, personas y circunstancias. Porque estamos en un momento crucial para conseguir que esa forma de liderar, de trabajar más humana, acabe impregnando a la sociedad. Y porque es la base de editorial Kolima, libros con valores, como nos repite a menudo Marta Prieto.

A efectos de situarnos respecto a las generaciones que se citan en este libro, en este gráfico se resumen todas ellas:

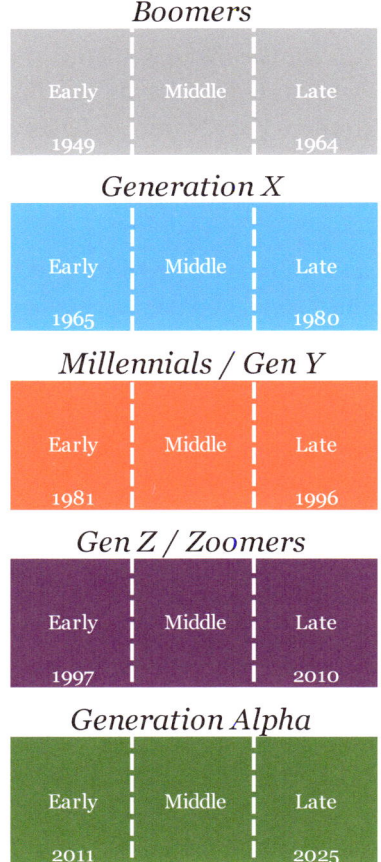

Introducción

«La juventud de hoy ama el lujo. Está mal educada, desprecia la autoridad, no respeta a sus mayores y chismea mientras debería trabajar. Los jóvenes ya no se ponen de pie cuando los mayores entran al cuarto. Contradicen a sus padres, fanfarronean en sociedad, devoran en la mesa los postres, cruzan las piernas y tiranizan a sus maestros».

Este comentario se podría estar escuchando ahora mismo en alguna tertulia radiofónica o en una charla de *boomers*. Sin embargo, se atribuye a Sócrates. Parece que las cosas no han cambiado tanto, ya que, poco más o menos, he oído muchos comentarios de directivos diciendo que la juventud de hoy en día no tiene compromiso, no sabe lo que es esforzarse y tiene una tendencia a la holgazanería, el cortoplacismo y que van a suponer un desastre para el futuro de la humanidad.

Y es que parece que nuestra capacidad para entender y comprender a la juventud es inversamente proporcional a los años que cumplimos y la experiencia que vamos acumulando. En efecto, todos hemos sido jóvenes y todos hemos tenido en algún momento la sensación de que se nos prejuzgaba solo por el mero hecho de serlo. No creo que la juventud de hoy en día sea tan diferente de las juventudes que ha habido a lo largo de la historia.

Seguramente lo que sí ha ido cambiando son el contexto, las circunstancias. Los *baby boomers* (1946-1964) recordamos como nuestros padres nos reñían cuando no nos comíamos las acelgas diciendo «¡¡una guerra tendrías que haber pasado!!». Efectivamente, la *silent generation* (1928-1945) se caracterizó por la austeridad. Sería injusto acusarlos de grises, apocados o derrotados sin atender a su contexto: vivieron los efectos de la 1ª Guerra Mundial, la Crisis del 28, los efectos de la mal llamada gripe española, la Guerra Civil española, el auge del fascismo en Italia y el nazismo en Alemania, para acabar con la 2ª Guerra Mundial... Casi nada. Nos transmitieron la importancia de conseguir un trabajo de por vida y adaptarse a cualquier estilo de dirección por tóxico que fuera; «tú aguanta...» nos decían. Lo importante era estudiar mucho y conseguir un puesto de trabajo para toda la vida. Por eso es tan fácil entender que los *baby boomers* y la Generación X (1965-1980) estén tan movidos por la ambición y la obsesión por el éxito. Y hubo quien consiguió el éxito y quien no... pero seguramente todos intentaron inculcarles las mismas creencias a su descendencia. El contexto es clave para entender y poder explicar cualquier acontecimiento.

A lo largo del paso de las generaciones, una misma acción ha pasado de estar bien vista a ser intolerable. Me acuerdo que, hace mucho tiempo, cuando yo tenía 12 años, el padre Lozano me dio un cachete en toda la cara cuando le pedí permiso en clase para ir al lavabo y me dijo que no y yo le contesté «¿y por qué no?». Cuando se lo expliqué a mi padre me replicó que cómo se me ocurría contestarle así a un cura. No podemos juzgar aquella acción (la del cura, no la mía) con los ojos de hoy.

De alguna manera, los *baby boomers* fuimos educados para ser obedientes, aguantar mucho, adaptarnos a lo que hiciera falta y seguir adelante. El estilo mayoritario de liderazgo que se ejercía en aquella época era el «*order and com-*

mand», que vendría a ser la versión sajona del «esto se hace así porque lo digo yo y punto», y, si no te gustaba, «la puerta es ancha» te decían. El estilo autocrático o dictatorial no era discutido.

Ese era nuestro contexto. Lo explicó perfectamente Bill Reddin en su obra *El estilo de gestión* con su famosa Teoría 3D del liderazgo: el estilo autocrático tenía una tendencia a provocar por mimetismo otros estilos autocráticos o provocar por desidia lo que él llamó «desertores». Me explico. Por un lado, los dictadores suelen crear por debajo suyo pequeños tiranos que gestionan a su gente con el miedo y la amenaza. Es decir, replican el estilo que han sufrido con sus colaboradores, porque se sienten autorizados a ello. Pero, por otro lado provocan el que «cuando tengo que hacer algo sí o sí porque mi jefe lo dice, aunque no tenga razón, o me largo o lo acabo haciendo». Esto es la deserción. Cuando el equipo se resigna a cumplir órdenes, aunque sean infundadas o no se les haya explicado la razón, ni el objetivo… nada, como el lector comprenderá, sucumbe al mal ambiente, la toxicidad, la desidia y los bajos resultados. En esos casos, pasado el tiempo, muchas veces el propio directivo se queja de la actitud que su estilo ha provocado en su propio equipo por una ceguera mayúscula. Una situación no la explica mejor frase que «la actitud del equipo es un reflejo del liderazgo que recibe». En estas situaciones necesitabas tener una cabeza muy bien amueblada, unos valores positivos bien enraizados y no caer en la tendencia de volverte un tiranillo o un desertor.

La Generación X (1965-1985) todavía soportó estos estilos de liderazgo, si bien demostró su hartazgo de una manera un poco más evidente. Fue una generación altamente preparada, pero con un desempleo galopante, con crisis económica y muchísimas dificultades para conseguir un trabajo relacionado con sus estudios y un sueldo digno, con barreras para poder emanciparse a una edad en la que sus padres ya tenían un segundo hijo. Se las estereotipó injustamente de cínicos holgazanes y desafectados, poco comprometidos. De ahí el que se les llame también la «generación frustrada».

Sabemos que después de la frustración puede surgir la reacción. Y ya tenemos a la irreverente Generación Y, los *millennials*. En este sentido vimos fenómenos como el de los «ninis», y algo tan inusual e importante como fue el movimiento del 15M, también llamado «movimiento de los indignados». Seguramente ha sido una generación que ha perdido la fe en el sistema, las estructuras clásicas del Estado, los bancos, los partidos políticos... Y que, por fuerza, se volvieron más egoístas, autónomos, exigentes, incrédulos y con otros valores.

Y para acabar de afilar el lápiz, por si fuera poco, a la siguiente generación, los *zoomers*, se le añadieron nuevas circunstancias que acabaron de complicar las cosas. La maldita pandemia, que les privó de disfrutar, como sí lo hicieron sus padres y abuelos, de los mejores años de su vida. De salir, reunirse, celebrar su graduación, los viajes de fin de curso, intercambios Erasmus...

Podríamos decir, en términos de liderazgo, que incluso la Generación X puede aceptar cierta dosis de falta de *expertise* y mal carácter en sus jefes. Pero han sido los *millenials* (Generación Y 1981-1996) y los *zoomers* (Generación Z 1997-2012) los que han venido a romper las reglas del juego. No vienen a adaptarse, sino a transformar la sociedad y a las empresas.

Con estas nuevas generaciones, aquellos viejos estilos no van a funcionar: o eres un buen jefe, un buen líder, o te van a abandonar, y luego se lo van a explicar a su entorno y en las redes.

Por lo tanto, el liderazgo que durante 3 generaciones ha podido ser algo intuitivo, de segunda importancia, reactivo y básico, va a convertirse en una habilidad obligatoria para todo jefe, directivo o dueño de empresa. Una competencia clave, estratégica. Mucho más importante que saber interpretar un balance o una cuenta resultados; eso lo puede hacer ya la IA.

Habrá gente que no tendrá estas habilidades, esta sensibilidad, y seguramente no estará de acuerdo con estas afirmaciones. Probablemente serán personas que achacarán los males de su empresa a estas nuevas generaciones, tan reivindicativas y poco comprometidas y faltas de lealtad. «La actitud del equipo es un reflejo de tu liderazgo». Su estilo de gestión y las expectativas de su equipo no deben cuadrar. Y eso provoca que los resultados no sean los esperados. Y me imagino que mucha rotación.

Pero hay 3 buenas noticias. La primera es que el liderazgo se puede aprender. No hace falta nacer con el don (que si se tiene bueno será, ya que se puede estudiar. Pero hay que ponerle ganas, ya que no vale decir que es algo intuitivo[1].

La segunda buena noticia es que tanto los *millennials* como sobre todo los *zoomers* van a hacer que cambien los estilos. Sencillamente, si no aceptan un mal estilo de gestión se marcharán de la empresa. Y lo publicarán. Y entre ellos todo lo saben, y rápido. Y la fama de mal empleador se verá multiplicada exponencialmente. Por el contrario, aquellas empresas que sepan ajustarse a un estilo de gestión más positivo y humanista verán cómo crece su fama y mejora el compromiso de sus empleados.

---

1   Recomiendo leer libros, ver TEDs, hacer algún curso o máster o contratarme como mentor! Pero no te abandones a pensar que con la práctica y el prueba/error te convertirás en un gran líder. He conocido CEOs, directores generales, propietarios y directivos con un inflamado ego y nefastos como líderes. Deberían mejorar su autoconocimiento, estudiar Johari Windows y hacer un 360 bien hecho, entender cómo se contagian las emociones y se consiguen resultados.

La tercera buena noticia es que todo apunta a que el contexto va a mover a las empresas, ahora sí, a una transformación radical. Son las circunstancias las que van a dar el empujón definitivo a una transformación en los estilos de gestión y liderazgo a una forma de trabajar más sana, con mejores valores y principios, que contribuirán a hacer una sociedad mejor.

ANNA PÉREZ BASSONS

....

«Good, better, best. Never let it rest.
Until good gets better gets best[1]».

St. Jerome

Podríamos decir que Anna Pérez Bassons es una *mid-millennial* (1981-1996), si se me permite la licencia. Actualmente ocupa un rol de dirección general *(managing partner)* en una firma de consultoría de Recursos Humanos, donde también ejerce como socia. Ofrecen servicios de selección, *executive search*, *assessment* y *outplacement*. Su labor se centra en consolidar el crecimiento sostenible de la compañía, velando por la calidad y la excelencia de los procesos, la confianza de los clientes y la cultura interna del equipo.

Con 13 años de trayectoria, Anna ha desarrollado un camino diverso y progresivo. Empezó en el mundo de la publicidad, pasó por el sector deportivo liderando equipos numerosos y finalmente dio el salto a la consultoría de talento. Cada etapa le ha aportado una pieza esencial de su visión actual del liderazgo: el valor del esfuerzo, la constancia y el compromiso con las personas.

Tras estudiar Publicidad y Relaciones Públicas, Anna inició su carrera en una agencia de publicidad especializada en el sector farmacéutico. Más tarde pasó a una agencia creativa, donde realizó análisis de la comunicación de empresas de la competencia de sus

---

1 Bueno, mejor, óptimo. Nunca lo dejes descansar. Hasta que lo bueno mejore, se vuelva óptimo.

clientes a modo de inspiración para que el departamento creativo pudiera acometer las campañas que les pedían.

Al poco tiempo su carrera dio un giro hacia el sector deportivo, donde empezó como responsable de marketing en un club femenino en plena transformación. Pronto asumió funciones más amplias, participando en procesos de cambio, atención al cliente, selección de personal y mejora del servicio. Posteriormente, con solo 25 años, le ofrecieron dirigir un club deportivo, por lo que se tuvo que trasladar a Madrid, liderando un equipo de 40 personas de perfiles diversos.

«Uno de mis objetivos principales era asegurar que el ADN de la cultura de la empresa se respirase en nuestro nivel de servicio, y el equipo así lo sintió, alineado con los estándares de calidad corporativos». De vuelta a Barcelona, pasados 2 años, dirigió otro club emblemático de Barcelona, con un equipo muy diverso, con alta antigüedad y recién llegado, y alta rotación. Total, 90 personas divididas en 7 unidades de negocio distintas entre los 10.000 m2 de la instalación. «Potenciamos también la comunicación interna para fomentar un clima de inclusión y pertenencia al proyecto, incorporamos actividades de *team building* para aumentar la colaboración entre áreas, desarrollamos planes de formación y mejora e impartimos sesiones de *mentoring* para los responsables de equipo, mejorando sus capacidades de organización y liderazgo. Todo ello nos llevó a conseguir un número récord de socios para el club y la disminución del porcentaje de abandono de clientes por debajo del 3 %, logrando alcanzar los objetivos de EBITDA cada mes».

Con el tiempo decidió dar un nuevo rumbo a su trayectoria. Tras un periodo de reflexión personal y profesional encontró en la consultoría de Recursos

Humanos un espacio donde conectar su experiencia de liderazgo con su pasión por las personas. En pocos años pasó de consultora a directora general y más tarde a socia de la firma.

Al echar la vista atrás, Anna recuerda «me he esforzado siempre por mantener una actitud de servicio y escucha, intentando comprender en todo momento las peticiones de mis responsables directos, así como las necesidades de mis compañeros. Soy una persona muy sociable y extrovertida, lo que me ha llevado a generar buenas relaciones de trabajo con los equipos y crear ambientes laborales amigables». Su forma de aprender ha sido siempre activa y práctica: «Prefiero el *learning by doing* a la teoría. Acompañamiento sí, pero combinado con acción. Me ha ayudado el recibir acompañamiento por parte de mis responsables, aunque admito que me gusta aprender de manera autónoma y sacándome las castañas del fuego».

A lo largo de su carrera, Anna ha experimentado diversos estilos de liderazgo. De la rigidez de algunos modelos autoritarios a la generosidad de líderes participativos y mentores. «He podido vivir 7 estilos de liderazgo completamente distintos». Y los nombra: liderazgo transaccional; participativo con mucho acompañamiento; «ordeno y mando» con directrices cambiantes constantemente y «reunionitis»; *mentoring*, quizás con excesivo acompañamiento y menos ejecución; de confianza, donde aprendió que la capacidad, las ganas y el compromiso son 3 elementos clave para decidir sobre la idoneidad de las personas para gestionar un proyecto; de seguimiento, que le aportó orden y criterio; y liderazgo de *partner*, colaborativo, horizontal y compartido. «Darme la oportunidad de ser socia de Mur&Partners es un acto de generosidad inmenso que siempre agradeceré. Ambas tenemos una responsabilidad y compromiso por un objetivo común, la toma de decisiones estratégicas la realizamos de manera conjunta, tenemos comunicación constante y transparente».

Anna, al definir su propio estilo, nos dice: «Me decanto por un estilo de liderazgo donde la confianza es la base que da la autonomía al equipo para que saque lo mejor de sí mismo. Acompañar siempre que se necesite y animar a tomar decisiones valientes para que las personas crezcan profesionalmente, teniendo tolerancia al error y aceptando que cada fallo es un aprendizaje. Que las personas con las que trabajo sientan responsabilidad y *ownership* sobre las gestiones que realizan».

Con el paso del tiempo, su propio estilo se ha ido transformando. En sus primeras direcciones apostó por una colaboración estrecha con el equipo: sabía que sola no podía lograr sus objetivos. Esa cercanía generó una fuerte cultura de compromiso. En su etapa más reciente ejerce un liderazgo más reflexivo. «Este último año he recibido sesiones de coaching, por interés personal, en el estilo de liderazgo *slow management*, donde intento que el equipo no perciba el estrés que puedo llevar por intentar llegar a todo, logrando trasladar calma, escucha activa y una toma de decisiones reflexiva».

En cuanto a las relaciones intergeneracionales, siempre ha trabajado con personas de más edad. «No sabría distinguir la diferencia entre una persona de la Generación X o *boomer*; simplemente me he guiado por entender qué rol ocupaba cada persona de la organización, qué *knowhow* tenía cada uno y, a partir de aquí, ver cómo podíamos hacer el mejor equipo. Cada persona es distinta y hay que adaptarse de manera totalmente personalizada».

Ha aprendido que la humildad es un básico en las relaciones, y la sonrisa también. «Ser agradable, entender los *timings* de cada persona y ganarte el cariño de la gente es vital. No recomiendo imponer nada y es imprescindible tener mano izquierda para gestionar los egos. Trabajando con ellos he aprendido a que, siempre y cuando te presentes de manera cauta, demostrando que eres consciente de que no lo sabes todo y que tienen mucho que enseñarte, te acompañarán y enseñarán lo que necesites».

Con su propia generación, los *millennials*, le funciona el entendimiento personal y comprender su etapa vital: «Compartir situaciones similares personales en el día a día y forjar relaciones de entendimiento más allá del trabajo».

Con los *zoomers*, su enfoque se centra en el crecimiento y la responsabilidad: «Demostrarles todo lo que saben, darles confianza y tolerancia al error para que vean que es básico que tomen responsabilidad por sus tareas y trabajen de forma adulta, siendo conscientes de sus capacidades y potencial. Ver crecer profesionalmente a una persona de menor edad o en una etapa profesional más inicial es una de las cosas que más me enorgullece». Nos recomienda darles formación y acompañamiento constantes, proyectos que puedan asumir y les den una motivación extra. Felicitarlos, reconocerlos, darles *feedback* sincero y constructivo.

Una experiencia que me impactó

Entre los muchos momentos que la marcaron, hay uno que recuerda con especial emoción. «Siempre recordaré el día 2 de mayo de 2014, el primer día que Metropolitan empezaba a gestionar Iradier como un club más de su cadena de centros deportivos. El equipo de Central trabajó sin parar el 1 de mayo, día del trabajador, para que no faltara detalle ese primer día para un equipo de más de 100 personas por aquel entonces. Habíamos sido subrogados por una empresa nueva y estábamos llenos de dudas, nervios y miedos.

Solo al llegar vi que habían modificado el mobiliario de la recepción y parte del material de las salas; fue un shock. Nos citaron a todos en una sala de actividades dirigidas donde el consejero delegado de la compañía dio el *pitch* de bienvenida, en el que nos trasladaba que Metropolitan era una empresa con ángel, que debíamos cuidar el ángel que llevábamos en nosotros y que sabía que todo iría bien. Se mostró emocionado por el proyecto que suponía para ellos el adquirir un club como Iradier y, de la manera más humana, se dirigió a todo el equipo y a nuestras familias, trasladándonos toda su ilusión por lo que estaba por llegar y la felicidad que le generaba el saber que asumía la responsabilidad de que todo funcionara para que todo el equipo tuviera garantizado un puesto de trabajo ahí.

En esa época yo venía de un liderazgo totalmente distinto y esa charla supuso un antes y un después en cómo dirigirme a los equipos de manera sensible, cercana, honesta y transmitiendo ilusión, siendo conscientes de que cada trabajador es antes que nada persona, con su vida y situación».

Construyendo puentes

Anna ha demostrado ser una profesional que se adapta a las personas de diferentes edades, que no distingue entre generaciones y valora la «humildad y la escucha para comprender y acompañar». Quizás ahí esté una de las claves de su éxito. Con los más jóvenes nos dice que «si demuestras que no lo sabes todo, te acompañarán y enseñarán». También que disfruta viendo a los *zoomers* «cómo crecen y asumen responsabilidades» y continúa: «Me adapto a cada persona… La sonrisa y la mano izquierda son imprescindibles». Destila su idea de que la adaptación es una parte fundamental de la humildad en el sentido de que «me adapto yo para que crezcas tú». También quisiera destacar su poderosa idea de que «la empatía es clave y que cada persona tiene algo que enseñar» como pilar de su liderazgo transformador, basado en la confianza, la autonomía y el ejemplo.

En definitiva, Anna Pérez Bassons representa una líder ejecutiva *top millennial* con una carrera espectacular que combina determinación y empatía, rigor y calidez. Cree firmemente que el liderazgo transformador empieza por uno mismo, y que solo cuando se lidera desde la autenticidad se logra inspirar a los demás.

Si quieres saber más sobre Anna, puedes descargarte información adicional sobre ella con ayuda de este código QR:

Contexto demográfico.
¡El momento es ahora!

Reemplazo generacional

Según apunta un excelente informe de Randstad llamado «El reto generacional en el mercado laboral: envejecimiento, escasez de talento y cualificación» de junio del 2025, cada vez más las empresas tienen mayores dificultades para incorporar talento y se alargan los periodos para cubrir vacantes. En los últimos 10 años el ratio[2] de vacantes se ha incrementado de forma sistemática, pasando de un 1,6 % en el 2014 al 4 % en el 2023. Esto va a suponer un desafío para las empresas, ya que va a haber una generación de trabajadores que las va a ir abandonando al llegar a su jubilación, y otras generaciones se mostrarán reticentes a incorporarse si no se alinean a sus valores y forma de ver el mundo.

Conforme al estudio, la evolución demográfica proyectada hasta el 2050 apunta a un desequilibrio creciente en la estructura por edades de población:

1. Descenso o estancamiento de la población en edad laboral: la mayoría de los países se enfrentan a caídas significativas de su fuerza de trabajo sin que se prevea una contrapartida clara en forma de rejuvenecimiento. En el caso de España se verá reducirse su base de población activa de 15 a 64 años entre 2025 y 2050, y se proyecta pasar de 33,7 en el 2015 a 30 millones en el 2050 de

---

2   Definida como la proporción de vacantes sin cubrir respecto al tamaño del mercado de trabajo (ocupados+vacantes).

personas en edad laboral, lo que representa un retroceso acumulado cercano al 9 %,

2. Reducción drástica del peso de la juventud: el porcentaje de jóvenes sobre la población en edad laboral, no solo no aumentará o se mantendrá, sino que descenderá un punto de aquí al 2050. Esta pérdida de base demográfica juvenil obligará a las empresas a competir aún más por un *pool* más reducido de nuevos talentos (ver gráfico 1).

3. Crecimiento del grupo sénior de 55 a 64 años. En España, hasta el 2025 se verá aumentar el peso relativo de los 55 a 64 años del 12 al 14 % de la población para estabilizarse tras el 2030. Esta «torre de *boomers*» anticipa una fuerte alza de jubilaciones sin relevo directo en las empresas.

4. Tasa de reemplazo (10-19 versus 55-64). Podríamos definir la tasa de reemplazo como el concepto demográfico que evalúa la capacidad de la población en edad activa más joven para sustentar y reemplazar a la población mayor en el sistema de pensiones y la fuerza laboral. En España partimos de una tasa de reemplazo muy baja del 70 % ,y apenas mejorará hasta el 80 % en el 2050, situándonos entre los países con menor capacidad de relevo generacional (incluso contando con la inmigración, que puede cubrir vacantes difíciles de incorporar).

En el gráfico podemos observar cómo en países como España, si bien se registró un cierto crecimiento del empleo joven hasta el 2025, se precipitará en negativo a partir de esa fecha, produciéndose un cambio de tendencia muy relevante.

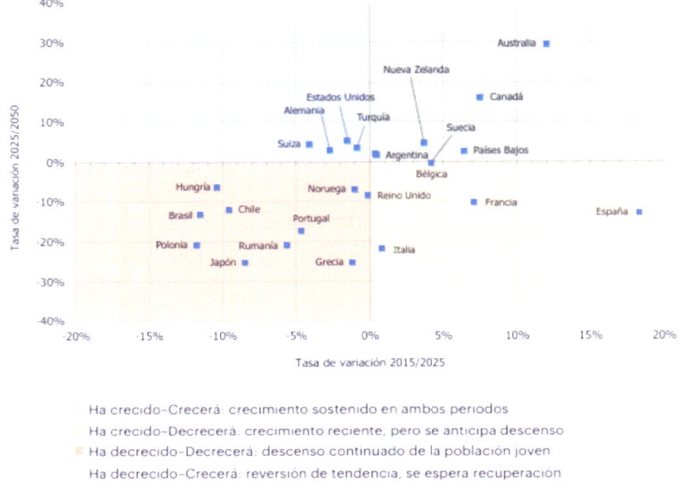

Gráfico 1. Evolución de la población joven (15 a 24 años): comparación de las tasas de variación entre 2015-25 y 2025-50.[3]

Escasez de talento y vacantes

Estoy convencido de que todos los departamentos de Recursos Humanos, no solo en España sino a escala global, podrían confirmar que la dificultad de encontrar talento va *in crescendo*. Muchas veces se buscan fórmulas de abrir más el perfil de la posición para que puedan encajar más candidatos, pero ni aun así es fácil conseguir una terna de buenos candidatos.

La situación se está convirtiendo en muy preocupante. Por si fuera poco ha surgido un fenómeno nuevo llamado

---

3   Informe Randstad: «El reto generacional en el mercado laboral». Junio 2025.

«*ghosting* del candidato» o *no show*, que se está consolidando también en nuestras latitudes. Consiste en candidatos que tienen una entrevista y no se presentan, o incluso recién contratados que no acuden el primer día de trabajo.

Según el informe de Greenhouse 2024, el 61 % de los buscadores de empleo en EE. UU., Reino Unido y Alemania han «ghosteado» después de una entrevista, lo que representa un aumento de 9 puntos porcentuales desde abril de 2024[4]. Y el informe refleja que este fenómeno está en notable crecimiento.

Más cerca nuestro, una fuente española[5] cita que, después de la pandemia, hasta el 28 % de los candidatos que firman contrato no se presentan el primer día. Otra fuente, Xataka, reporta que el 78 % de los candidatos ha ignorado a un posible empleador en el último año[6]. Es interesante dicho artículo porque señala que «La Gen Z ha girado las tornas del 'ya te llamaremos'»... No han hecho más que reaccionar con las mismas armas a una práctica que los reclutadores llevan usando desde hace algunos años con los candidatos que no cumplían con sus expectativas. Se trata del popular (y devastador) «ya te llamaremos». ¿Quién no ha sido candidato y, al final de la entrevista, le han respondido con ese «ya te llamaremos», para enterarse, pasado un tiempo y ante la falta de comunicación, que la posición ya estaba cubierta? Visto así vendrían a ser las dos caras de una misma moneda. En el mismo artículo nos explican que la Generación Z ve el *ghosting* como una forma de sentirse al mando de su carrera.

Como decíamos más arriba, el *ratio* de vacantes en España ha pasado del 1,6 % en 2014 al 3,2 % en 2023. Es decir,

---

4   Greenhouse.com

5   Culturaemprende.com

6   «La generación Z se engancha al '*ghosting*' laboral: no acudir a entrevistas o desaparecer el primer día de trabajo». Xataka.

se ha duplicado. Pero es que a nivel global la cosa ha ido a peor, pasando del mismo 1,6 % en 2014 al 4,0 % en el 2023 y, nos dicen, «esta evolución refleja una creciente tensión en el mercado laboral y una mayor dificultad de las empresas para cubrir puestos vacantes, especialmente tras el impacto de la pandemia y en un contexto de cambio demográfico y envejecimiento de la población en edad de trabajar». Por sectores, la hostelería y las actividades sanitarias presentan los mayores *ratios* de vacantes, seguidos de otros sectores como las actividades profesionales y científicas, la información y la comunicación.

Envejecimiento de la plantilla

El peso de los ocupados mayores de 55 años supera ya el 20 % en la mayoría de países analizados en el informe mencionado, reflejando estructuras laborales más envejecidas. En el caso de España, los empleados mayores de 55 años, del 2014 al 2023 crecieron del 14,6 % al 20,6 %, seis puntos, lo cual refleja un envejecimiento acelerado. Los sectores más críticos en España son la Administración Pública y defensa, las actividades inmobiliarias y la agricultura y la pesca.

Esto no son solo datos. Cada vez es más común que convivan en nuestras empresas 4 generaciones: *boomers*, X, *millennials* y *zoomers*. Todo ello va a suponer un esfuerzo de comunicación y comprensión entre diferentes formas de trabajar y entender el mundo. Las estructuras simplistas, en base a las cuales las nuevas generaciones se constituían en becarios durante varios años realizando trabajo administrativo y de escaso valor, no van a funcionar. Y la tendencia a despedir o prejubilar a personas de más de 55 años porque se les ve desfasados u obsoletos tampoco. Va a ser necesario un nuevo liderazgo que sepa sacar lo mejor de cada generación y consiga que se complementen para conseguir los objetivos de la empresa. Pero se van a requerir nuevas dotes, competencias y habilidades en las generaciones más viejas, no demasiado acostumbradas a la «paciencia estratégica». Estos temas los desarrollaré más adelante.

Sector estratégico frente a demografía

Hemos visto que en la actualidad de cada 100 personas en la franja de edad de 55 a 64 años —donde se localizan los trabajadores que de forma natural se jubilarán en la próxima década— hay 94 jóvenes de entre 10 y 19 años —de donde saldrán los trabajadores más jóvenes que se incorporarán al mercado de trabajo—. Es decir, un 6 % menos. Y esta desigualdad se va a ver aumentada en las próximas décadas llegando a 84, un 16 % menos, en el 2050.

Por un lado,esto obligará, una vez más, a que las empresas sean más sofisticadas en sus estrategias de atracción de talento, pues va a ser más escaso en el futuro. Ya no será suficiente que las empresas se orienten al *customer satisfaction*, sino que será necesario poner en el centro de su estrategia el *employee satisfaction*.

Por otro lado también resulta importante conocer si los jóvenes de hoy en día están respondiendo al reto de cualificarse en aquellas disciplinas más demandadas por el mercado.

En la mayoría de los países analizados, 3 áreas formativas —a saber, Administración de Empresas y Derecho, Ciencias de la Salud e Ingeniería— concentran a más de la mitad de los egresados. Sin embargo, ámbitos como Tecnologías de la Información, Comunicación (TIC), Ciencias Naturales,

Matemáticas y Estadística, pese a ser estratégicas y de alta demanda laboral, siguen representando un porcentaje reducido del total de licenciados.

Buscando los datos relevantes de España más cercanos a la hora de escribir estas líneas (agosto del 2025), encuentro que los sectores con mayor riesgo de quedarse «cortos» de talento universitario –por cómo viene la cantera de egresados– son:

1. Salud (médicos, y sobre todo enfermería): en 2023 faltaban 4.502 médicos de familia y el déficit podría subir a 5.496 en 2029; 1 de cada 3 médicos supera los 55 años. En enfermería, el déficit ronda los 100.000 profesionales para igualar la media de la UE y, al ritmo actual, tardaríamos 22-29 años en alcanzarla.

2. Energía y redes+renovables (eléctricos/industriales, operación de red, O&M eólico/FV, instaladores): el despliegue 2025-30 de la red de renovables con permisos tensiona la demanda de ingenieros eléctricos/industriales y técnicos de mantenimiento/instalación. El propio sector reporta escasez de perfiles técnicos y previsión de crecimiento de plantillas (+18 % hasta 2027).

3. Construcción, rehabilitación y eficiencia energética: la patronal y varios análisis estiman que faltan en torno a 700.000 trabajadores (oficios cualificados, jefes de obra, BIM/energética) para vivienda nueva y rehabilitación.

4. Industria avanzada (mantenimiento, mecatrónica, soldadura, CNC): empresas reportan dificultad para cubrir soldadores, electromecánicos y montadores; el desajuste frena proyectos estratégicos.

5. Logística y transporte (incl. conductores C+E): es el sector con más dificultades para captar talento: 84 % de compañías de logística/transporte/automoción lo declara. Además envejece el colectivo de conductores.

6. Educación (docentes STEM y FP): faltan profesores de Matemáticas, Informática y FP técnica; en 2023, más de 720 plazas de Matemáticas quedaron sin cubrir. Tendencia de escasez sostenida.

7. Ciberseguridad/IA/*software*: la demanda supera con mucho la oferta: 99.600 profesionales de ciberseguridad se estiman necesarios en 2025. Mientras, la «tubería» universitaria en Informática sigue siendo modesta frente al tirón del mercado.

Si nos preguntamos por qué falta cantera podemos ver que en el curso 2023-24, el 45,8 % de los nuevos ingresos fue a Ciencias Sociales y Jurídicas; Ciencias solo copó el 6 %. Por campos, Informática incorporó 13.049 nuevos; Ingeniería y Arquitectura 56.483. Ese sesgo de entrada dificulta cubrir a los STEM (acrónimo que engloba Ciencias, Tecnología, Ingeniería y Matemáticas –y Salud en los próximos años).

A modo de resumen, nos encontramos con una realidad demográfica que prevé que en los próximos años habrá menos gente con la que poder trabajar (descenso población en edad laboral), y todavía menos juventud incorporándose al mercado de trabajo como consecuencia de la pirámide invertida demográfica (reducción del peso de la juventud). La tasa de reemplazo no superará el 80 %, es decir, de cada 10 vacantes solo se cubrirán 8 y 2 se deberán amortizar. Además, fenómenos como el «*ghosting* del candidato» o el *no-show* irán aumentando, en perjuicio de las empresas y los procesos de selección. Algunos sectores tendrán una situación especialmente preocupante por la escasez de candidatos, como la hostelería o la salud. Pero es que, además, hay una divergencia entre lo que realmente necesita la sociedad y los nuevos titulados, con un déficit en profesiones que necesiten licenciados en TIC, Ciencias Naturales, matemáticos e ingenieros. Todo ello llevará además a un envejecimiento de las plantillas en las empresas.

No voy a decir que estemos en un escenario desolador, pero sí en un panorama cambiante. Por lo tanto, confirmado (con datos) el entorno, tenemos un montón de razones para ajustar las políticas de Recursos Humanos a las nuevas necesidades y al contexto del futuro. Ya Darwin nos dijo: «No es la especie más fuerte la que sobrevive, ni la más inteligente, sino la que responde mejor al cambio». En efecto: no serán las empresas con más recursos, las más grandes, ni las más punteras las que sobrevivan y tengan un mejor futuro. Serán las que sepan leer el contexto y se adapten mejor al cambio que ya está aquí. Y, recordemos, las nuevas generaciones no vienen a encajar, sino a transformar las reglas del juego.

Este libro tiene la vocación de ayudar a las empresas a comprender y gestionar ese cambio, a los líderes a mostrarles el camino de lo que sí y lo que no deberían hacer, y a las nuevas generaciones a que, sin perder su esencia, se puedan adaptar a esas empresas que están en proceso de transición.

JOSEP SERRET

«Si quieres ir rápido ve solo, si quieres llegar lejos ve acompañado».

Josep Serret es un Gen X (1965-1980) nacido a mediados de los 70. Con más de 25 años de trayectoria profesional, ocupa un cargo de dirección industrial corporativa en una empresa multinacional del sector alimentario. Su responsabilidad abarca varias plantas en Europa y Estados Unidos, y más de 4.000 personas, lo que le ha permitido desarrollar una visión global de la gestión industrial, del liderazgo y de la cultura organizativa.

Antes de llegar al sector de la alimentación pasó casi dos décadas en automoción, donde ocupó posiciones de creciente responsabilidad: desde *project manager*, director de ingeniería, hasta general *manager*. Esta etapa le sirvió para forjar un estilo de liderazgo que yo califico como coherente, humano y orientado a resultados.

En sus inicios recuerda con nitidez el momento en que, tras una promoción interna, pasó de ser compañero a jefe de su propio equipo. «Fue difícil pedir resultados y explicaciones a personas que habían sido mis compañeros, y que además tenían más edad y experiencia que yo». Ese tránsito, explica, le obligó a reflexionar sobre cómo ejercer autoridad sin perder humanidad. «Al principio fui demasiado paternalista, pero pronto comprendí que el respeto se gana a su vez con respeto, coherencia, humildad y firmeza». Desde entonces considera esos pilares como la base de su liderazgo.

Con relación al liderazgo recibido reconoce haber tenido la suerte de contar con grandes referentes. «De uno aprendí el estilo de liderazgo que actualmente intento ejercer basado en el *lead by example*: trabajar para hacer crecer a las personas, empoderarlas (para lo cual has de aceptar que no todo será como tú lo hubieras hecho); mucha comunicación en las dos direcciones: el equipo en ningún momento ha de tener miedo a comunicar ciertas noticias, llevarte la contraria; estar informado y saber cuáles son los objetivos, y finalmente, y no es opcional, con un enfoque a resultados». Por lo tanto, a destacar la coherencia entre el liderazgo ejercido y el que intenta ejercer.

Su experiencia con otras generaciones, en este caso sus compañeros de grupo, los X: «He aprendido su lealtad hacia la empresa; muchos pueden trabajar solamente en una sola compañía toda su carrera laboral y la sienten como propia, además de tener un sentimiento jerárquico muy acentuado». En cuanto a los *boomers*, «destacaría su capacidad de trabajo, altísima, así como su sentido de responsabilidad y orientación a resultados; el sentimiento de empresa es importante». Josep destaca que estas 2 generaciones en momentos de crisis han colaborado muy eficazmente, ya que quizás al ser el punto de encuentro la responsabilidad aflora más la necesidad de entendimiento. En cuanto a las diferencias, Josep considera que los X, más acostumbrados a «hacerse a uno mismo», es más difícil que sigan procedimientos o usen técnicas a las que no están acostumbrados.

Por otro lado, Josep nos indica que «si con los *boomers* respecto la Generación X, el sentimiento de empresa ya bajaba un escalón y aumentaba el ser más mercenario, esto aún lo he visto más acusado con los *millennials,* y sobre todo con los *zoomers*. Con estas dos generaciones ya no funciona el 'trabajas para esta empresa que factura tanto, que tiene este crecimiento, que está en estos mercados, que tiene esta estabilidad financiera…', funciona el 'qué me aporta a mí la empresa', el 'cómo voy a compatibilizar mi vida personal con la laboral de forma que esta no impacte en la personal', funciona 'la formación que reciba y como esta me ayuda a crecer'. La jerarquía no diría que es un elemento superfluo, especialmente en los *millennials*, pero en los *zoomers* sí se acerca más a este estado. Ambos no es solo que trabajen muy bien en equipo; es que 'necesitan trabajar en equipo' a diferencia de los X y los *boomers*».

Una experiencia que me impactó

Josep recuerda «la vivencia que tuve cuando anuncié que dejaba la anterior empresa. Fue en una reunión delante de buena parte de la plantilla y recuerdo que al acabar se acercó una de las personas de mi equipo, la cual había tenido muy malas evaluaciones de rendimiento (yo en persona las había hecho con ella) y había sido muy contundente para que trabajara aquellas áreas de mejora. A pesar de eso se acercó a despedirse con lágrimas en los ojos. De alguna forma vi que, aunque había sido duro, lo estaba viendo como una ayuda». Desde entonces refuerza la idea de que el liderazgo no consiste en evitar los conflictos, sino en afrontarlos con respeto y honestidad.

Josep ha liderado también equipos internacionales, y cuando le pregunto por el liderazgo en remoto, comenta que es «complicado, muy complicado bajo mi punto de vista; personalmente me cuesta ejercer un buen liderazgo a distancia, ya que uso y me gusta la presencia física para complementar (y mejorar, quizás) la comunicación. La comunicación no solo es hablar; hay una parte importante no verbal. Por no mencionar el que la atención es menor si se hace a través de una pantalla o por teléfono. Por ejemplo, no puedo realizar entrevistas de evaluación de rendimiento por Teams: me parece una falta de respeto a la otra persona, no consigo transmitir todo el mensaje y creo que no capto toda la atención de la otra persona. Pongo este ejemplo de la evaluación de rendimiento porque la entiendo como una de las herramientas clave para reforzar el liderazgo».

Construyendo puentes

Josep Serret cree firmemente que la colaboración entre generaciones es tanto un desafío como una oportunidad. Las tensiones surgen cuando se juzgan los valores del otro sin intentar comprenderlos. «Esa interrelación es compleja e inevitable, los X y los *boomers* no entienden esa falta de compromiso, de poco sentimiento de empresa que tienen los *millennials* y los *zoomers*, y estos últimos ven a los otros casi como unos dinosaurios y unos inadaptados tecnológicamente hablando. Durante estos años lo que he visto que funciona mejor es cuando los sacas de su rutina diaria y los juntas para un proyecto específico, o para solucionar una situación de crisis».

En último término, Josep Serret representa a una generación de líderes que han aprendido a evolucionar sin perder sus raíces. Cree en el valor de la coherencia, la comunicación y el ejemplo, así como en la fuerza de los equipos que avanzan juntos.

Josep es un *crack*. Es un Xavi o un Pedri; no es la *vedette* de equipo, pero sin él el resto no funciona. Hace que todo su equipo sea mucho mejor de lo que sería individualmente y consigue un ambiente de camaradería que multiplica los resultados. Por otro lado tiene una gran resiliencia que le sirve para soportar situaciones donde la ultra competencia de los compañeros o la miopía de los superiores no hacen más que entorpecer la gestión. Como dice mi maestro Xavier Marcet[7], «no se puede ser un buen profesional si no se es una buena persona». Josep es una excelente persona y, por tanto, un grandísimo profesional.

Si quieres saber más sobre Josep, puedes descargarte información adicional sobre él con ayuda de este código QR:

---

7 Recomiendo la lectura de este (de hecho de todos) excelente artículo de X.Marcet: https://www.lavanguardia.com/dinero/20250316/10481907/toxicos-resultados-xavier-marcet-management.html

¿Tienen sentido los estudios sobre generaciones?

El planteamiento que me hice al escribir este libro venía del convencimiento de las diferencias que yo notaba entre generaciones y que, en consecuencia, conducirían inexorablemente a un nuevo y mejor estilo de liderazgo. Pero, como todos nosotros sabemos, no hay nada más fácil que creerse a uno mismo. O como decía mi muy estudiado Eduard Punset, nuestro cerebro construye la realidad que más nos conviene. Según Punset, «una vez se ha elegido una opción entre varias alternativas, se ha comprobado que cuanto más irrevocable es la decisión, más llena de sentido parece la opción que se ha tomado. La gente se queda más convencida de que tiene razón cuando se da cuenta de que no hay marcha atrás»[8]. Es decir, ¿me estaré autoconvenciendo de que las cosas son como yo creo? ¿Estaré construyendo una teoría sobre una creencia falsa? A fin de salir de dudas me puse a investigar si encontraba opciones contrarias a las mías. Y no fue fácil, pero las encontré.

En el artículo «*Generational Differences In Attitudes Towards Work and Career: A Systematic Literature Review On The Preferences Of Generations X, Y And Z*»[9] se utiliza el enfoque de una investigación bibliográfica sistemática (SLR por sus siglas en inglés), sobre bases de datos reconocidas

---

8   Eduard Punset «*Viatge a les emocions*» Cap. 3 *Per què no volem canviar d'opinió?*

9   https://www.researchgate.net/publication/383860257_Generational_Differences_In_Attitudes_Towards_Work_and_Career_A_Systematic_Literature_Review_On_The_Preferences_Of_Generations_X_Y_And_Z

para fuentes académicas sobre actitudes, valores y preferencias laborales en torno a la carrera y el lugar de trabajo de diferentes generaciones. De todas las fuentes estudiadas se hizo un estudio detallado de 130 publicaciones relevantes.

Pues bien, aunque su título promete un estudio comprensivo, la conclusión principal es que no se puede afirmar con certeza que existan diferencias generacionales claras y consistentes. Esto se debe a varios motivos:

- Los hallazgos de distintos estudios son contradictorios, con metodologías, contextos culturales y cronologías variables.
- Se advierte que los efectos observados en encuestas pueden deberse más a la edad o etapa vital que a la generación en sí (fenómeno propio de ciclo de vida).
- Muchos estudios carecen de consistencia metodológica o consideran variables culturales o socioeconómicas que confunden las comparaciones generacionales.

En resumen: aunque el artículo es riguroso me quedaba siempre con la sensación de que podía haber evidencias de diferencias entre generaciones, aunque esas diferencias también podían venir dadas por la edad o la experiencia. ¡Mi gozo en un pozo!

No obstante, estudiando más en detalle los datos, sí pude sacar la conclusión de que en la mayoría de temas se dibujaba una clara tendencia (ver gráfico 2) a través de las generaciones. Por ejemplo, en 2 conceptos tan importantes como la búsqueda de propósito en el trabajo y el deseo de un liderazgo empático se marcan claras tendencias evolutivas a través de las mismas. Y estas modas son válidas con independencia de las clases sociales, países o culturas estudiados (dejando de lado países con economías subdesarrolladas).

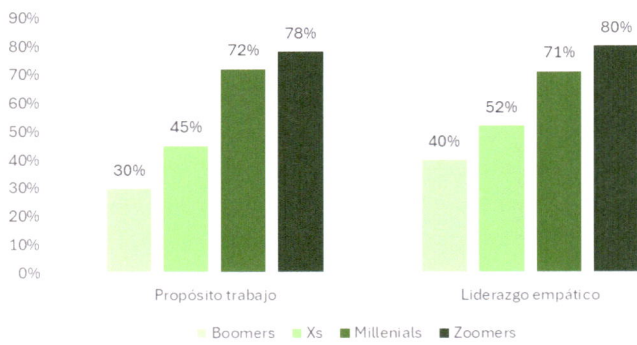

Gráfico 2: tendencias de las generaciones.

Y esto ocurre con muchos otros conceptos como los valores en el trabajo, la flexibilidad y el equilibrio laboral, aspiraciones profesionales, compensación y beneficios, la imagen del empleador, etc. En la mayoría de estos temas, generalizando y simplificando, podríamos decir que para los *boomers* eran sueños o ideales, los X empezaron a plantearlos y los *millennials* y los *zoomers* han dado un salto exponencial aspirando a cambiar las prácticas de las empresas.

Pero tampoco quiero cansar al lector y buscar la negación sin fin para confirmar mi teoría. Mi intuición y mi experiencia me dicen que estoy en lo cierto. Aunque, si quiero convencerte, estimado lector, además de llegar a tu corazón deberé encontrar datos, estudios y tendencias que vayan en mi línea.

El estudio «*Deloitte 2025. Gen Z and Millennial Survey*»[10] que se viene realizando desde el 2011 en más de 44 países y con más de 23.400 *millennials* o *zoomers* entrevistados, es un informe de referencia por su seriedad, profun-

---

10   https://www.deloitte.com/global/en/issues/work/genz-*millennial*-survey.html

didad y continuidad en el tiempo para conocer cómo estas generaciones conciben el trabajo, su carrera profesional y la vida misma.

Será objeto del siguiente capítulo entender y conocer cómo piensan y qué quieren estas nuevas generaciones, pero, en cualquier caso, el estudio de Deloitte, como otros que iré mencionando y reseñando, señalan que los *millennials* y los *zoomers* no han venido a adaptarse, sino a cambiar las reglas del juego. Destaco algunas realidades:

- La gran mayoría no aspira a puestos directivos como meta principal.
- Consideran que las *soft skills* (empatía, liderazgo, comunicación) son críticas para diferenciarse.
- Tienen alta inseguridad financiera.
- El 90 % estima el propósito laboral como decisivo, esencial para su bienestar.
- Casi un 40 % está preocupado por su salud mental.
- Más del 60 % siente ansiedad por el cambio climático.

Llegados a este punto pienso que podemos seguir avanzando, y que los hechos y los datos demuestran que la teoría está contrastada.

Todos estos temas y otros que iremos abordando son claramente diferenciales para los *millennials* y los *zoomers* en comparación con generaciones previas. Es un cambio de paradigma. La crisis del 2007, las guerras, sobre todo la pandemia y sus consecuencias en pérdidas de puestos de trabajo, ingresos, teletrabajo, etc. impactaron de manera profunda y diferente a estas generaciones respecto de los *boomers* y los X, que ya estaban más formados. Todo ello ha traído consecuencias en su forma de ser y ver el mundo y el trabajo.

Si queremos gestionarlos bien necesitamos conocerlos en profundidad. Vamos a ello.

LORENA CORELL

«El liderazgo no es dirigir; es conectar y acompañar para que las personas den lo mejor de sí mismas».

Lorena Corell sería una joven (*late*) *millennial* (1981–1996). Desde hace varios años desempeña funciones de responsabilidad en el ámbito de los Recursos Humanos en una multinacional del sector alimentario, y recientemente ha fundado su propia consultoría de personas Jeong People, inspirada en el concepto coreano *Jeong*[11], que simboliza la conexión cálida y profunda entre las personas. Su propósito profesional es claro: «Conectar personas y empresas desde la empatía, la cercanía y la transparencia, ayudando a crear entornos de trabajo más humanos y sostenibles».

Al recordar sus primeros años, Lorena admite que lo más difícil fue gestionar las expectativas. «Salimos de la carrera con el sueño de aportar, ayudar a los trabajadores a desarrollarse y crecer dentro de las empresas, pero no siempre es tan bonito como lo imaginamos». Otro gran reto es adaptar la calidad del trabajo a la velocidad y exigencia del entorno, donde a veces se priorizan los resultados sobre las personas. «Aprendí que se puede ser firme sin perder la humanidad, y que escuchar de verdad a las personas abre más puertas que cualquier proceso rígido. Lo que me sorprendió positivamente fue la capacidad de colaboración y resiliencia de los equipos: cuando sienten apoyo dan mucho más de lo esperado».

---

11   https://www.bbc.com/mundo/articles/cd1pz977pxyo

A lo largo de su trayectoria ha vivido distintos estilos de liderazgo. De los mejores aprendió la importancia de la confianza y una comunicación abierta. «Tuve un líder que me marcó profundamente, «al que le debo parte de mi sueño, un líder que era influyente tanto con sus equipos como con el resto de la organización, alguien a quien admirábamos, a quien respetábamos por su conocimiento, pero sobre todo por su trato y lo que nos aportaba día a día».

Con ella no funcionan los liderazgos autoritarios o excesivamente controladores que limitan la creatividad y la motivación. «Tampoco va conmigo el liderazgo ambiguo donde no se dejan claras las prioridades, las necesidades o el proyecto».

Lorena define su propio estilo de liderazgo como «cercano, empático y facilitador». «Creo en dar autonomía, pero también en acompañar de forma constante, creando un entorno donde las personas se sientan seguras para aportar ideas y crecer. Por ejemplo, en proyectos de selección y formación he buscado siempre dar espacio a cada miembro del equipo para aportar su visión, equilibrando objetivos. Me centro mucho en la claridad de la comunicación: establecer expectativas claras, mantener rutinas de *feedback* y al mismo tiempo dar flexibilidad para que cada persona organice su tiempo según su realidad».

De las generaciones anteriores, Lorena habla con respeto y admiración. «Los *boomers* y la Generación X son grandes maestros en constancia, disciplina y visión estratégica». Valora especialmente su capacidad para sostener estructuras y dar estabilidad. Sin embargo, también observa áreas de mejora: los *boomers* deben abrirse más al cambio; el «siempre se ha hecho así» bloquea la innovación. Y la Generación X puede ganar mucho si se desapega de modelos rígidos de trabajo.

En los momentos de choque generacional «intento aportar flexibilidad y empatía, buscando traducir las diferencias en puntos de encuentro». Cree que no hay que imponer ni estereotipar, sino crear diálogo. No pecar de falta de flexibilidad ni de comunicación rígida.

En los *millennials*, su propia generación, Lorena identifica una motivación clara: el propósito. «Dame algo más, esa es la clave, dame algo más que un sueldo y fruta en la oficina, dame un propósito, autonomía y posibilidades de crecimiento, hazme sentir que lo que hago tiene impacto». Con los *zoomers*, en cambio, el reto está en el acompañamiento y la inmediatez. «Retroalimentación constante y el reconocimiento rápido; son muy creativos y digitales, pero necesitan una guía clara». Tanto con *millennials* como con *zoomers*, la ambigüedad no ayuda; necesitan una visión clara de hacia dónde van. Y, por supuesto, tampoco la rigidez; el «se hace así porque yo lo digo» solo puede conseguir deserciones.

Entre las experiencias que más la han impactado recuerda con especial cariño los procesos de acompañamiento de talento joven. «Me marcó mucho el acompañar el talento joven en todo ese proceso, darles consejos tan básicos como la vestimenta para la entrevista con un director comercial, o cómo prepararse para su primer día. Pero también ayudar a personas muchos más sénior que yo a afrontar cambios profesionales, reinventarse, readaptar su conocimiento a la realidad organizacional del momento. Sin duda trabajar con diferentes generaciones te marca, y todas ellas dejan una huella positiva en nosotros».

Respecto al liderazgo en remoto, Lorena cree que no hay tanta diferencia con el presencial: «Las bases son las mismas: claridad, confianza y conexión con el equipo, tanto en persona como a cientos de kilómetros de distancia». Considera que el verdadero liderazgo no depende de la distancia física, sino de la calidad del vínculo. «No se trata de controlar horarios de conexión, sino de alinear objetivos y dar herramientas para alcanzarlos».

Construyendo puentes

Para Lorena, el futuro pasa por un cambio de mentalidad en las organizaciones (¡y yo no puedo estar más de acuerdo!). «Necesitamos dejar de hablar de retención de talento, de lucha por el talento en el mercado, y mirar más hacia adentro ¿Qué aporto? ¿Qué estoy haciendo? ¿Cuál es mi valor diferencial para este tipo de generaciones? Hay que apostar por un liderazgo intergeneracional, donde cada generación aporte lo mejor de sí misma: la experiencia de los mayores, la visión estratégica de la Gen X, la creatividad de los *millennials* y la frescura digital de los *zoomers*. La clave está en generar espacios de colaboración, mentoría cruzada y escucha activa, evitando etiquetas. El reto de RR. HH. es ser puente entre esas visiones y ofrecer beneficios adaptados a cada una de ellas; el 'café para todos' ya no nos vale».

Lorena Corell representa a una generación de líderes que combinan propósito y pragmatismo. Cree en un futuro donde las empresas dejen de hablar de control para hablar de confianza, y donde el éxito se mida tanto por los resultados como por el bienestar. El reto no es retener talento: es cuidarlo y hacerlo crecer. Lorena, a pesar de –o mejor gracias a– su juventud habla con frescor, pero con mucho criterio, pragmatismo y sinceridad. Estoy convencido de que allá donde esté, si quieren prosperar la deberían escuchar mejor, activamente. Es una de esas personas a las que hay que elegir, sí o sí, si quieres tener una comida o cena con conversación interesante.

En definitiva, Lorena Corell es una gran profesional, entregada, inteligente, inquieta y sincera, que encarna el espíritu de los *millennials* que quieren transformar a las organizaciones desde dentro: con empatía, propósito y acción.

Si quieres saber más sobre Lorena, puedes descargarte información adicional sobre ella con ayuda de este código QR:

Qué buscan «millennials» y «zoomers», en la vida y en el trabajo

S i la revista Time bautizó en el 2013 a los *millennials* (Y) como la *Me, Me, Me Generation*[12], a la Generación (Z), *zoomers,* se le ha llamado también Generación Plus, ya que en muchos sentidos son «más diversos étnica y racialmente, más educados, más digitales y más globales». Por si fuera poco, también se les ha llamado *Gen Edge* (límite), *iGen*, *Post Millennials* y la Nueva Gran Generación[13].

Según las fuentes, entre ambas generaciones suman casi un 45 % de la fuerza de trabajo y en el 2030, según Deloitte, llegarán hasta un 74 % a escala global. Sí, estamos a 4 años escasos de que esta sea la realidad. Su forma de ver el mundo, sus fuertes convicciones, principios y creencias, frustraciones e ideales vienen a formatear el mercado de trabajo. Como ya voy repitiendo como si fuera un mantra, no vienen a encajar: vienen a transformar. Solo las empresas, los propietarios, directivos y jefes que sean capaz de entenderlo se podrán adaptar y navegar por este nuevo escenario cambiante. Si no tienes pensado jubilarte en breve o tienes una empresa y ambicionas que tenga continuidad, te conviene adaptarte o te extinguirás.

Estas generaciones buscan algo más (y más profundo) que un trabajo. Hacer dinero les importa, pero mucho más encontrar un significado a su trabajo. No persiguen estatus ni jerarquía (como los *boomers* o los X) sino equilibrio, aprendizaje, propósito y sostenibilidad. Esto puede causar

---

12   https://time.com/247/*millennials*-the-me-me-me-generation/

13   Oliver Wyman, *A Gen Z Report.*

muchas dificultades a los líderes tradicionales. Es más, rechazan las etiquetas tradicionales, adoptan ideas no binarias sobre género y sexualidad, y valoran la autenticidad sin filtros. Y esto repercute en el trabajo.

En la labor de investigación que he realizado para escribir este libro, uno de los temas que más me ha sorprendido ha sido la reaparición del concepto de «contrato psicológico». Podríamos definirlo como el conjunto de expectativas, creencias y percepciones no escritas que tienen los empleados y empleadores respecto a sus obligaciones mutuas en una relación laboral. No se trata de un contrato formal, sino de un acuerdo implícito, subjetivo y dinámico que influye en la motivación, la satisfacción laboral y el compromiso organizacional. Incluye aspectos como:

- Lo que el trabajador espera (reconocimiento, oportunidades de desarrollo, trato justo, seguridad),
- Lo que la organización espera (lealtad, desempeño, flexibilidad, compromiso).

Cuando estas expectativas se cumplen se refuerza la confianza; cuando se perciben incumplimientos *(psychological contract breach)* suelen aparecer desmotivación, estrés o incluso rotación.

El término fue introducido por Chris Argyris (1960) en su obra *Understanding Organizational Behavior.* Él describió cómo los empleados y los supervisores desarrollan expectativas mutuas que guían el comportamiento más allá de lo escrito en el contrato formal. Posteriormente, Edgar H. Schein (1965) amplió el concepto en *Organizational Psychology*, señalando que el contrato psicológico abarca las expectativas no expresadas que dan estabilidad a la relación laboral. En los años 1990, la investigadora Denise Rousseau sistematizó y popularizó la teoría moderna del contrato psicológico, dándole un marco más riguroso y analítico en su libro *Psychological Contracts in Organizations: Understanding Written and Unwritten Agreements* (1995).

Pues bien, me he pasado años y años explicando a *managers* y directivos que más allá del contrato de trabajo los empleados tienen unas expectativas que, si no se cumplen mínimamente, lleva a actitudes y comportamientos que no cuadrarán con los intereses de la empresa. Muchas veces ese equilibrio estaba en precario por la parte más débil, la del empleado, que se tenía que resignar y acomodar a lo que había. El contrato psicológico ahora está resurgiendo contrabalanceado por unas mayores expectativas por parte de estas generaciones Y y Z.

Por ejemplo, se espera que la dirección pague en función del rendimiento, y si hay más demanda que oferta de trabajadores se deberá pagar más. *Pay them more!!* fue el consejo de Joe Biden ante la dificultad de algunos empresarios para encontrar talento[14]. Se espera que se ofrezcan mayores oportunidades de formación, desarrollo y promoción; que se proporcione *feedback* sobre el rendimiento, pero de más calidad y con *manager*s y directivos bien formados y preparados para ello; que se trate a los empleados con respeto y dignidad, con estilos de liderazgo basados en el convencimiento y no en el «ordeno y mando». Por ejemplo, cuando se le preguntó qué es lo que más desea de su jefe en el lugar de trabajo, la Generación Z mencionó una actitud positiva (42 %) y objetivos claros (37 %). Los jefes de la Generación X indicaron que estos eran más propensos a ofrecer una comunicación abierta (42 %), y menos a una actitud positiva (33 %) y establecer objetivos claros (31 %).

---

14   https://www.youtube.com/watch?v=479D60atANc. Casa Blanca, 25 junio 2021. Cristian Viladoms Capital Humano, Nº 374, Sección Compensación y Beneficios / Artículos, Abril 2022, Wolters Kluwer.

Si hace unos años tener un jefe carismático, con empatía, sensibilidad, cintura para dirigir adaptándose al contexto era un lujo y una excepción, en el presente deberá ser la norma. Si no te señalarán y abandonarán.

Hasta aquí he intentado dibujar de manera sencilla y sin ánimo de ser exhaustivo cómo se ven ambas generaciones desde el punto de vista de identidad, valores personales y visión del mundo. Ahora agruparemos su modo de ser por conceptos:

1. Educación, aprendizaje y desarrollo profesional:
    *   Ambas generaciones priorizan el aprendizaje y el desarrollo continuo, a escalar jerárquicamente.
    *   Aunque más educados formalmente, desconfían del retorno de la formación universitaria. Un 31 % de la Gen Z no cursó estudios superiores por su coste y baja aplicabilidad. Y muchos de la Gen Y, pese a estar más formados que generaciones anteriores, han sentido que esa formación no les garantizaba estabilidad ni progresión profesional.[15]
    *   Los *zoomers* son los que enfrentan el mercado laboral con menos experiencia previa: solo el 19 % de entre 15 a 17 años trabajó en 2018, frente al 30 % de *millennials* en la misma edad en el 2016. Esto supone que tienen muchísima menos experiencia y herramientas de gestión que las generaciones previas y, como veremos más adelante, mayores índices de ansiedad.

---

15   Deloitte 2025 «Gen Z and *millennials* Survey».

16   «*Are you ready for Gen Z in the Workplace?*».

2. Enfoque hacia el trabajo y la carrera:
   - Rechazan la jerarquía tradicional: solo el 6 % de la Gen Z aspira a llegar a puestos directivos.
   - La «trifecta» dinero, propósito y bienestar forma parte de su satisfacción. Los *millennials* están más dispuestos a asumir sacrificios personales, pero los *zoomers* necesitan sentir que están en equilibrio, en aprendizaje constante y son parte de una misión.
   - Desean (*millennials*) o exigen (*zoomers*) autonomía, flexibilidad y equilibrio entre vida y trabajo.
   - Mas de un tercio de los *zoomers* se plantea abandonar su puesto de trabajo en menos de 2 años. El efecto YOLO (*You Only Live Once*) es un ejemplo de que primero es vivir y después viene el trabajo.

3. Liderazgo y expectativas de los *manager*s:
   - Mientras los *millennials* son más tolerantes con las estructuras jerárquicas, los *zoomers* valoran a los *manager*s con actitud positiva, que marquen objetivos claros, fomenten la empatía, el *feedback* de calidad y la inclusión.
   - Exigen autenticidad y no toleran un *leadership washing* o postureo. Por ejemplo, sobre inclusión esperan ver ejemplos reales en la empresa y no una simple cita o un arcoíris el día del Orgullo.
   - Rechazan a los líderes autoritarios y buscan relaciones horizontales. Se pueden sentir muy cómodos con *boomers* como mentores si estos aceptan el *reverse mentoring*.
   - Los *zoomers* esperan un *onboarding* estructurado y una comunicación constante desde el inicio de su relación laboral.

- Existe una brecha entre lo que esperan de sus *managers* (mentoría, motivación, apoyo en el equilibrio vida-trabajo) y lo que realmente reciben (supervisión de tareas).

4. Flexibilidad, conciliación y equilibrio:
   - Los *millennials* impulsaron el teletrabajo y los primeros movimientos hacia la conciliación. Se sienten traicionados en las empresas que han revertido la tendencia a trabajo presencial al 100 %.
   - Los *zoomers* valoran el trabajo en remoto e híbrido y rechazan radicalmente las estructuras rígidas.
   - Han popularizado conceptos como el *quiet quitting*, que significa dejar de hacer esfuerzos adicionales más allá del mínimo necesario. Es decir, el trabajador cumple estrictamente con sus funciones, pero no hace horas extras, no asume tareas fuera de su rol, ni se involucra emocionalmente de más. Se popularizó como respuesta al *burnout*, la falta de reconocimiento y la sobreexigencia laboral. O el *bare minimum Mondays*, que podríamos traducir como «los lunes de lo mínimo indispensable». Es una práctica donde el lunes solo se hace lo estrictamente necesario y sin presión, para suavizar el inicio de la semana y reducir la ansiedad del domingo por la noche (conocida como *Sunday Scaries*). Ejemplos prácticos de lo que sería un *bare mínimum Mondays* tendríamos en empezar por revisar correos esenciales, una o ninguna reunión importante, tareas administrativas básicas y nada de entregas claves o presión intensa.
   - El 62 % de la Gen Z está activa o pasivamente buscando nuevos trabajos[17].

---

17 *A Gen Z report.*

5. Dinero, consumo y seguridad financiera:
   - Ambas generaciones dicen no sentirse financieramente seguras. Casi la mitad manifiesta vivir al día y la mayoría siente presión por el coste de la vida. 8 de cada 10 dicen que su futuro financiero a largo plazo les causa altas dosis de ansiedad.
   - Por eso, especialmente la Gen Z, tiene altas tasas (+45 %) de proyectos paralelos (*side hustles* y emprendimiento). Un *side hustle* (actividad secundaria o trabajo paralelo) es una fuente de ingresos adicional que una persona realiza fuera de su empleo principal, generalmente con más flexibilidad, autonomía y motivación personal
   - Invierten a un ritmo mayor y a edad más temprana que las generaciones anteriores. En comparación con los *millennials*, los de la Generación Z son un 45 % más propensos a empezar a invertir antes de los 21 años, según un estudio de Oliver Wyman y Zeldis Research Associates.
   - El 60 % de la Gen Z utiliza las redes sociales como fuente principal de información.
   - El 91 % de la Gen Z está dispuesto a pagar más dinero por marcas que apoyen las causas que a ellos les importan. El 50 % utiliza Tik Tok, aunque 2/3 de las empresas del Fortune 100 no están ahí.

6. Salud mental y bienestar:
   - Los de la Gen Y fueron los que iniciaron las conversaciones sobre *burnout* y la necesidad de políticas corporativas de cuidado emocional.
   - Un 42 % de la Gen Z reconoce sufrir ansiedad frecuente: demanda más apoyo emocional, opciones holísticas y personalización en la atención médica.

- Casi un 50 % afirma estar recibiendo tratamiento por ansiedad, depresión, trastorno por estrés postraumático, trastorno obsesivo-compulsivo u otros trastornos de salud mental, frente a una cuarta parte de otras generaciones.
- El bienestar es la tercera pata (junto con el dinero y el propósito) que los *zoomers* consideran fundamental para su felicidad[18].

7. Compromiso social, sostenibilidad y medioambiente:
   - Tienen un compromiso radical con la sostenibilidad; un 65 % (Z) y un 63 % (Y) está dispuesto a pagar más por productos sostenibles.
   - Exigen a las empresas posturas activas y no *greenwashing*.
   - Más de un 60 % siente ansiedad por el cambio climático.
   - Hasta un 23 % revisa las políticas ambientales antes de aceptar un empleo.

---

18   Informe de Deloitte 2025 sobre Gen Z y *millennials*.

ELVIRA GINÉS

«El trabajo es un elemento fundamental para poder hacer tu vida, pero no debe ser tu único motor».

Elvira Ginés pertenece a la generación de los *early zoomers* (1996-2010). Con poco más de un año de experiencia laboral trabaja en el ámbito del tratamiento documental y la digitalización de archivos históricos. Su labor consiste en conservar y trasladar a formato digital libros y documentos que datan del siglo XVI al XX, preservando así parte de la memoria colectiva. Comenzó su carrera en la Universidad, en un programa de becas, y actualmente continúa desarrollándose en el mismo sector dentro de una empresa externa.

Desde sus primeras etapas profesionales, Elvira ha tenido la oportunidad de reflexionar sobre lo que significa trabajar en equipo y adaptarse a entornos con costumbres más individualistas.

Con el tiempo aprendió «a desplegar más paciencia y tener en cuenta diversas opiniones para llegar a un consenso que facilite el trabajo. A pesar del individualismo, lo que me sorprendió fueron el compañerismo y las ganas de compartir experiencias en el ámbito laboral con el que me encontré por parte del personal, aunque no tanto la directiva».

Durante su etapa como becaria experimentó un tipo de liderazgo caracterizado por una excesiva autonomía. «Pretendían que todo se hiciera correctamente, pero sin dar indicaciones sobre qué había que priorizar, sin organización de tareas y tiempos y, sobre todo, sin tener en cuenta las opiniones del persona a su cargo. Funcionaron las indicaciones técnicas sobre cómo había que hacer las tareas, aunque fallaban la comunicación, la priorización de tareas y la falta de un *feedback* positivo y el reconocimiento de errores por parte de la persona que lideraba».

En su actual entorno laboral, la comunicación es más fluida y su opinión es tenida en cuenta. Sin embargo persisten ciertas áreas de mejora en cuanto a la claridad de las condiciones laborales.

Aunque no ha tenido personal a su cargo, Elvira ha ejercido un liderazgo natural en situaciones de colaboración. En su experiencia como becaria se convirtió en mediadora entre compañeros cuando surgían conflictos. «Por ejemplo, había conflicto con el reparto de los libros a digitalizar, y en lugar de verbalizarlo y aclarar los problemas, muchas veces se optaba por no hacer ciertos tomos y dejarlos eternamente en espera. Para solventarlo planteé la cuestión y organicé una lista en la que se repartían los libros para que el volumen de trabajo fuese similar y todos estuviésemos de acuerdo». A partir de ahí el ambiente mejoró. Su estilo, incluso sin autoridad formal, se basó en la empatía, la escucha y la búsqueda del consenso.

De las generaciones anteriores –*boomers* y X– ha aprendido técnicas tradicionales de archivo, la importancia del trato con el usuario y el valor del trabajo bien hecho. Elvira piensa que «ha aportado comprensión, empatía y una búsqueda de soluciones que satisfaga a todas las partes. En momentos de colaboración diría que lo que he aportado ha sido compañerismo, constancia y responsabilidad». Pero también reconoce que a veces encuentra resistencia al cambio y cierta tendencia paternalista: «Hay situaciones que no se resuelven únicamente por la vía técnica, y creo que es interesante contar con otras perspectivas que analicen la situación. Diría que el principal problema con personas de ambas generaciones es ese, que tienden a una postura más 'paternalista' y, a veces valoran menos una opinión o sugerencia en base a la juventud».

Con su propia generación (Z) y los *millennials* destaca que la comunicación directa y horizontal es lo que mejor funciona. «Diría que en general tienen más herramientas para comprender las distintas opiniones y eso hace su comunicación más fluida». En cambio, lo que no debería hacerse, advierte, es subestimar a os jóvenes por su edad: «Presuponer que tienen meros habilidades y conocimiento en base a su edad o que no son lo suficientemente fuertes para afrontar ciertas situaciones».

Una experiencia que me impactó

Entre sus experiencias más significativas recuerda una situación durante sus prácticas en la Universidad. «En mi etapa de becaria una compañera se tomaba la formación de una manera más relajada y no cumplía con horarios o la carga de trabajo correspondiente. Un día que no llegó a su hora, nuestra jefa me comentó la situación enfadada a mí buscando respuestas y dejando claro que le parecía una falta de respeto. Yo la escuché y avisé al mismo tiempo a mi compañera para que viniese y la situación no fuese a más. Al final ambas actuaron de forma incorrecta desde mi punto de vista, porque una jefa debe tratar esas cuestiones con quien corresponda y no queriendo que 'se corra la voz' como forma de atajar el problema. Mi compañera, por su parte, creyó en parte que yo no le había ayudado todo lo que debería y al final me encontré en el centro de una situación que no había generado y no podía resolver. La lección aprendida fue poner en boga aún más la transparencia y dejar clara mi postura antes de que nadie pudiese interpretarla».

Construyendo puentes

Elvira tiene una visión clara sobre el futuro del trabajo y la convivencia intergeneracional: «Todas las personas tienen cosas positivas que aportar a las demás, ya sea en un entorno laboral o personal. Creo que existen muchos prejuicios y quizás la primera cuestión a tratar sea esta. Por ejemplo, si los *boomers* creen que sus años de experiencia les otorgan más autoridad sobre los más jóvenes o los *millennials* o que a las personas más mayores les cuestan más ciertos aspectos como la tecnología o que no entienden ciertos cambios en los modos de vida, es difícil que puedan verse reflejados los unos en los otros y se desarrolle una comprensión mutua, porque siempre pensarán que el otro está equivocado. En lugar de enfocarlo de este modo sería conveniente tratar de comprender que cada persona tiene una visión de la realidad que es útil conocer y de la que se pueden extraer enseñanzas. Así, todos estaríamos más predispuestos a dejarnos enseñar y comprender al otro».

Elvira Ginés encarna una generación que ha crecido en un entorno digital, pero que valora el contacto humano, la comunicación honesta y la cooperación. Cree que el futuro de las relaciones laborales pasa por derribar estereotipos y aprender a integrar la sensibilidad de los mayores con la innovación de los jóvenes.

A la luz de lo expuesto, esta joven profesional representa los valores de una nueva generación: la búsqueda del equilibrio entre tecnología y empatía, resultados y bienestar, individualidad y cooperación. Su mirada optimista recuerda que el futuro del trabajo no dependerá solo de la experiencia o la edad, sino de la capacidad de las personas para escucharse y crecer juntas.

Si quieres saber más sobre Elvira, puedes descargarte información adicional sobre ella con ayuda de este código QR:

Las empresas ante una generación que ya no se calla

S i *boomers* y X estaban dispuestos a hacer lo necesario para ascender jerárquicamente en las empresas, los *millennials* y los *centennials* no han venido a jugar este juego. La pandemia configuró sus primeros años de trabajo en enfrentarse al plasma de sus ordenadores y modificó y elevó sus expectativas de vida y trabajo respecto a cualquier otra generación. Primero es vivir y después trabajar. Pero trabajar para empresas globalmente conscientes que ofrezcan flexibilidad, autonomía, equilibrio entre vida y trabajo, y formación que les permita crecer como personas y profesionales. Y si no lo consiguen rotarán, se marcharán silenciosamente de las empresas que no lo hagan. Prefieren un trabajo que les guste peor pagado que lo contrario. Y si no trabajarán en paralelo hasta conseguirlo. Hoy, el 45 % tiene trabajos secundarios.

Con expectativas de que la Generación Z represente más de un tercio de la fuerza laboral para 2030, los empleadores deben mejorar su propuesta para atraer y retener a los mejores talentos. Cubrir lo básico —salario, oportunidades de crecimiento, mejor equilibrio entre trabajo y vida personal, transparencia— es un buen comienzo. Pero deberemos continuar por priorizar su salud (física y mental), ofrecer opciones de carrera e iniciativas que los ayuden a encontrar satisfacción personal en el trabajo y nutrir su espíritu empresarial. Fenómenos como la Gran Renuncia, el *ghosting* del empleado o el *no show* serían síntomas de esa patología ante la carencia de buenos candidatos.

Como hemos visto, la consecuencia de la contracción de la población en edad laboral, el descenso del peso de la juventud en el mercado de trabajo y las bajas tasas de reemplazo van a suponer una gran dificultad para las empresas y una mayor competencia entre ellas mismas para encontrar talento.

Según las proyecciones del INE, en los próximos 10 años, 8 de cada 10 empleos no serán nuevos. Serán plazas para sustituir a quienes se jubilen: la generación de los *baby boomers*; más de 5,3 millones de personas se retirarán; solo 1,8 millones de jóvenes entrarán en el mercado laboral y, por lo tanto, habrá una brecha de 3,5 millones de trabajadores. Se pueden prever fácilmente impactos inmediatos, como un encarecimiento de los salarios en sectores críticos y talento. Otro efecto interesante es que la inmigración laboral deje de ser un tabú y se convierta en necesidad. Y también, en el caso de la Administración pública, con un 16,6 % de su personal en edad de jubilación, se abre una gran oportunidad de reducir su exceso de personas. España está entre 4 y 5 puntos por encima de países similares (Alemania, Italia, Grecia, etc.) en empleados públicos. Además, en algunas autonomías[19], el peso de la Administración pública es una losa para su desarrollo, emprendimiento e innovación.

Según un artículo de El País del 24 de febrero del 2025[20] más de 3.180.679 personas causaron baja voluntaria en España en el año 2024. Un aumento del 4,4 % respecto al año anterior y un 49 % más que en el 2021. Por si fuera poco, desde el 2023 vemos como el porcentaje de ocupados que abandonan voluntariamente en los primeros 3 meses se sitúa en

---

19 Porcentaje de personas que son funcionarios respecto el total de población activa: Ceuta y Melilla: +40 %; Extremadura: 26,4 %, Castilla y León: 21 %.

20 https://elpais.com/economia/negocios/2025-02-25/ahi-os-que-dais-me-voy-de-la-empresa.html

el 5,5 %. Y este dato se mantiene y aumenta ligeramente. Sería una de las cifras más altas de bajas voluntarias de la UE.

Ya señalamos que el *ratio* de vacantes ha aumentado del 1,6 % al 3,2 %, y eso significa que los procesos de selección se están complicando. Se están ralentizando. Esto a su vez supone que los proyectos de empresa y sus procesos internos, si se ven impactados por bajas voluntarias se verán perjudicados.

Las empresas ya tendrían que estar priorizando sus esfuerzos en fidelización, retención y satisfacción de sus empleados. Llamadlo como queráis, pero se van a tener que demostrar mucho más atractivas de lo que lo hayan podido hacer hasta la fecha. Y como ocurre con el *greenwashing*, lo deberán hacer por convencimiento, no por marketing.

Aquellas que estén convencidas, si aplican las políticas adecuadas podrán ver cómo aumenta su ventaja competitiva respecto a empresas más clásicas.

A la vista de los datos y lo comentado me gustaría dar algunos consejos a esos empresarios que tengan prisa en adaptarse a este nuevo contexto.

En este sentido, las nuevas generaciones querrán ver como las empresas cumplen con sus expectativas culturales:

a. Expectativas culturales:
   • Propósito y valores: los *millennials* y los *zoomers* priorizan el trabajar en empresas alineadas con sus valores. Esto obliga a las marcas a elegir con cuidado su visión y sus valores, comunicarlos bien y mostrar un auténtico compromiso social, ambiental y ético. En mis clases suelo decir que las empresas deben tener beneficios, pero los beneficios han de tener un propósito que de alguna manera contribuya a hacer una sociedad mejor. No basta con que una vez cada 2 años el departamento de Marketing

o de RR. HH. organice salidas al monte a plantar árboles. O que se declaren «verdes» porque supuestamente compran la electricidad a compañías energéticas que dicen ser ecológicas. Aquellas empresas que no tienen RSC (o que la han comprado al peso, pero no se la creen), que destinan ingentes esfuerzos a finanzas y control de gestión y reportes de todos los departamento pero cuyos empleados serían incapaces de decir cómo contribuye su organización a hacer un mundo mejor, estarán abocadas a tener muchísimos problemas de gestión de RR. HH.

- Diversidad e inclusión: las nuevas generaciones son tolerantes, gustan de la diversidad y son inclusivas. Pero quieren verlo en la realidad de la empresa. No vale con poner el arcoíris el día del Orgullo y discriminar el resto del año al colectivo. Para un *centennial*, una compañía con personas con tatuajes visibles tiene un significado de inclusión. Los *zoomers* y los *millennials* también quieren modelos laborales mucho más flexibles.

b. Modelos laborales:
- Trabajo hibrido o remoto: durante la pandemia se demostró que se podía trabajar en remoto. ¿Significa eso que todo el mundo puede teletrabajar el 100 % de la jornada? No. Me acuerdo, en los primeros meses del 2022, que un CEO me comentó que todo el mundo tenía que volver 100 % del tiempo a presencial en las oficinas. Intenté justificar que había opciones intermedias y departamentos y posiciones más susceptibles de poder mantener uno o dos días de teletrabajo sin afectar a su eficiencia. Me dijo que no, que todo el mundo debía volver al

presencial al 100 %. Hubo mucho malestar y protestas, sobre todo entre los más jóvenes. A las pocas semanas se realizó un *all hands meeting*[21] y, ante una pregunta sobre cuál era la postura de la empresa ante el teletrabajo, el mismo CEO dijo: «No es que estemos en contra del teletrabajo; estamos a favor, pero en un sentido ordenado. Es decir, hay que acudir a trabajar todos los días, pero si un día va un fontanero a tu casa y no tienes a nadie, te puedes quedar a trabajar en casa, si tu jefe te da permiso. O si tu hijo se pone malo lo mismo». Evidentemente, este CEO no entendió nada del concepto de trabajo híbrido que consideran las nuevas generaciones. Con ánimo de arreglar las cosas las empeoró.

El paradigma de 9 a 5 h está en declive. Y el presencialismo mucho más. Estas generaciones valoran la autonomía, el equilibrio profesional y la flexibilidad. Por lo tanto, estén preparados para tener criterios los más objetivos posibles sobre qué puestos de trabajo requieren presencia y cuáles no, o no al 100 %. Los *centennials* quieren poder razonar y discutir, en el sentido positivo, aunque no se cierran en banda. Por ejemplo, un puesto de recepcionista requiere presencialidad. Un comercial tiene que realizar su labor sobre el terreno y seguramente tenga que acudir a la empresa a reuniones con el resto del equipo, su jefe, de producto, etc. Pero si tiene que reportar o gestionar gastos u otros trabajos administrativos, dale libertad para que lo haga donde más le convenga. (También recuerdo una empresa donde el

---

21   Videoconferencia donde participan los principales ejecutivos de la empresa explicando la situación y los retos y se responde a algunas preguntas de los empleados.

director comercial, un narcisista de libro, exigía que la reunión con su equipo comercial fuera los viernes a las 17 h). Una persona de control de gestión, que pasa muchísimas horas con el Excel, cuentas de resultados y balances, seguro que puede gestionar una parte de su trabajo desde casa. Por el contrario, un operario de mantenimiento necesita estar en el terreno.

Mi consejo es hacer un buen análisis, que participen los afectados y sus jefes, y razonar las inclusiones y las exclusiones. Y en todos los casos medir bien los resultados (objetivos) y cómo se han conseguido o no (competencias). Si en ocasiones, con una presencia del 100 % no es fácil distinguir entre eficiencia real (se consiguen los objetivos que se tenían que cumplir) y eficiencia aparente (parece que se consiguen, aunque no es verdad)[22], mucho más complicado puede ser discriminarlo a la distancia. Por lo tanto, trabajo híbrido y remoto, sí, donde el análisis y el sentido común lo permitan y con un buen sistema de valoración y gestión del talento que lo acompañen. Y todo muy claro y transparente.

- *Side hustles* y emprendimiento: veíamos que 8 de cada 10 jóvenes dicen que su futuro financiero a largo plazo les causa altas dosis de ansiedad. Además, más del 50 %, tanto de *millennials* como de la Gen Z, dicen vivir al día y con preocupación por no llegar a fin de mes. Y más del 40 % de ambos grupos piensa que no les será posible jubilarse financiera-

---

22   Pensemos en personas que pueden ser muy puntuales, pulcras, organizadas, atentas, agradables pero que, si los objetivos no se miden, no nos damos cuenta de que no los consiguen.

mente con un mínimo de dignidad[23]. Quizás esta sea la causa por la cual más de un tercio de estas generaciones cuenta ya con un trabajo en paralelo al principal (*side hustles*): necesitan más ingresos.

Seguro que su empresa cuenta con un departamento financiero potente y realiza análisis de inversiones. ¿Por qué no les ofrece formación sobre financiación, inversión, gestión de *cash flow*, etc.? Si realmente tanto les preocupa su futuro financiero (y es así; pregúntele a cualquier joven entre 22 a 30 años), ¿por qué no ayudarles a planificarse mejor, tomar mejores decisiones financieras, elegir las mejores opciones de ahorro, etc.? Lo puede hacer dentro o fuera del horario de trabajo. Seguro que tendrá una gran aceptación y será un punto más a su favor en la fidelización de sus empleados.

Se conoce como emprendimiento, intraemprendimiento o emprendimiento corporativo el dedicar un porcentaje del tiempo de trabajo a innovar. Suele llamarse *15-20 % time* y 3M lo popularizó con el término *15 % culture*[24]. Desde hace más de 30 años, 3M anima a sus empleados a reservar una parte de su tiempo laboral a perseguir de manera proactiva ideas innovadoras que los entusiasmen. Mientras coordinan con su jefe para asegurarse de que las responsabilidades diarias sigan siendo ejecutadas, la empresa les da espacio para intentar algo nuevo y diferente, pensar creativamente y desafiar el *statu quo*. Ya sea experimentando con una nueva tecnología, formando un grupo de interés especial en torno

---

23   *Deloitte Global 2025 Gen Z and Millenial Survey.*

24   *3M's 15 % culture | Cultivate & Pursue Your Innovative Ideas | 3M United Kingdom.*

a una nueva idea o encontrando una nueva manera de ejecutar un proceso, la cultura del 15 % de 3M otorga a los empleados de todas las áreas licencia para innovar. ¡De esta forma surgió la invención de las notas Post-it!

Si se ponen los medios y se crea la cultura adecuada, puede ser una herramienta de muchísimo valor para satisfacer necesidades y preocupaciones de sus jóvenes empleados y oportunidades de innovación y crecimiento del negocio. Y fidelizará su talento. Cuando la empresa financia proyectos de sus jóvenes empleados y toma participación en el capital se convierte en lo que llamamos una «incubadora corporativa» o *venture builder*. Más cerca de nosotros, Telefónica cuenta desde el 2016 con un programa llamado «in prendedores» que deja a sus trabajadores contar con recursos de la compañía y dedicar parte de su tiempo a desarrollar sus iniciativas internamente. Esto les permite tener a su talento focalizado, no buscar alternativas fuera de la empresa y experimenarn de primera mano los retos de ser «empresarios autónomos».

c. Medio ambiente y sostenibilidad:
El medio ambiente y la sostenibilidad son otras de las grandes inquietudes de *millennials* y *centennials*, pues más de un 60 % de ambos demuestra preocupación por el futuro del planeta.[25]

---

25   *Deloitte Global 2025 Gen Z and Millennial Survey.*

- Marcas auténticas. Estas preocupaciones afectan directamente a sus comportamientos como consumidores, y un 65 % de *centennials* y 63 % de *millennials* estaría dispuesto a pagar más por productos o servicios sostenibles. En sentido contrario, castigan rápidamente el postureo y el activismo empresarial superficial (*greenwashing*). Prefieren marcas transparentes, vulnerables y que se abran al diálogo.

Estas inquietudes no solo afectan a sus hábitos de consumo sino también a sus decisiones a la hora de elegir compañía para la que trabajar. Más de un 20 % dice revisar las políticas medioambientales y la reputación de la empresa antes de aceptar un trabajo y 7 de cada 10 lo considera un factor clave cuando evalúa a un empleador potencial.

Por otro lado parece haber una clara desconexión entre lo que piensan los directivos de las empresas que hacen algo por el medioambiente y lo que perciben los *millennials* y los *centennials*. Según el *Deloitte Global CxO Sustainability Report*, el 92 % de los CEOs globales son muy optimistas sobre los pasos que se están dando para proteger el medioambiente. En cambio, casi un 50 % de las jóvenes generaciones es muy o extremadamente pesimista respecto al mismo tema. Por lo tanto, las empresas tienen una enorme oportunidad para atraer y fidelizar a estas grupos si mejoran en sostenibilidad de sus productos y servicios. Deberán considerar el papel que juegan sus políticas medioambientales, asegurándose de que comunican de forma transparente y adecuada, y tienen un claro impacto positivo en el ecosistema.

- Uso de redes sociales. Los *millennials*, pero sobre todo los más *zoomers* más jóvenes, están redefiniendo de raíz las normas acerca de cómo, cuándo y dónde se consume la información. Están difuminando las fronteras entre entretenimiento, noticias y comercio, y desplazando su atención hacia las redes sociales y el *infotainment* hiperpersonalizado como fuente principal no solo de ocio, sino también de noticias, búsqueda de información y compras. Aun con baja confianza en la exactitud de esos contenidos, priorizan caras familiares, formatos entretenidos y la recompensa inmediata de la interacción social por encima del plus de credibilidad que otras generaciones atribuimos a los medios tradicionales o los buscadores. Resultado: una mayor exposición a desinformación, pese a su elevada consciencia del problema.

  Frente a generaciones que crecieron con agendas informativas comunes (telediarios y prensa local impresos), las Gen Y/Z se informan en *feeds* algorítmicos (TikTok, YouTube, Instagram, Snapchat), que no parten de una «línea editorial» ni de búsquedas intencionales, sino de flujos personalizados que aprenden de cada gesto (ver unos segundos, deslizar). Es el fin del «relato común». Las redes se han convertido en el primer puerto, no solo para entretenimiento, sino para noticias, compras y conexión social. Muchos Gen Z buscan antes en TikTok que en un buscador clásico. Casi el 60 % de la Gen Z usa las redes sociales para informarse, 3 veces más que los medios tradicionales y 1,7 veces más que otras generaciones. Un 60 % dice haber desarrollado técnicas para detectar información poco fiable, aunque fueron 2,5 veces más propensos a creer que el Covid-19 fue un bulo gubernamental. Este supone que adolecen de un *fact-checking* suficiente. Predomina el uso de atajos de «prueba social» (comentarios, tono, popularidad) por encima de contrastes con fuentes externas, útiles para filtrar volumen, pero insuficientes para juzgar veracidad a la velocidad del *feed*. La Gen Z confía el doble en «personas como ellas» que en grandes canales, y prioriza fuentes familiares (amistades/familia, grupos en redes y medios locales). Prefiere relatos «para y por» la Gen Z.

Para organizaciones que crean contenido, venden a consumidores Gen Z, construyen marca o combaten la desinformación, entender dónde y cómo interactúa esta generación es crítico. Hay que estar donde está la Gen Z. Esto supone que, en sus comunicaciones de empresa a empleados o clientes, priorizan formatos nativos de plataforma, con vídeos breves, verticales, subtitulados y con ritmo y gancho en 3-5". Será fundamental, una vez más, la autenticidad sin postureo; la informalidad impostada se penaliza.

En mi opinión, en todos los departamentos, pero más en Comunicación, Marketing y Recursos Humanos, será fundamental tener varios perfiles Z con formación y criterios sólidos sobre cómo comunicar y afinidad de audiencia con su generación. Dotarles de información de calidad, libertad y herramientas para traducir los mensajes de dirección en piezas digestibles. Formarlos también en técnicas preventivas y cómo identificar señales de manipulación.

La comunicación en las empresas es como el aceite en las máquinas: si no se utilizan se oxidan y estropean. Lo mismo ocurre con las personas: si no hay comunicación crecen los rumores, los bulos y la desinformación. Y si el aceite no es de buena calidad, a medio plazo también supondrá problemas en el motor. Si la comunicación interna no es de buena calidad tampoco servirá para el propósito con la que se ha creado. Y en este sentido, ya hemos visto que la Gen Y/Z necesita otro tipo de comunicación, en otros canales y con contenidos muy diferentes. Si queremos llegar a ellos nos tendremos que adaptar con filtros o prevenciones que creamos oportunos para evitar la desinformación o las noticias *fake*. Pero deberemos adaptarnos para ser capaces de hablar su lenguaje. Y si pensamos que ya estamos haciendo algo pero tenemos dudas, lo mejor es preguntarles directamente.

Preguntar no nos debe dar temor. La gestión de empresa no debería estar nunca en manos de cobardes sino de gente valiente que no teme a la realidad y no es reticente al *feedback* y las encuestas. También ha de ser gente inteligente que entienda que en la adaptación está el éxito. Que el éxito vendrá si somos capaces de convencer y no imponer. Un nuevo liderazgo, ahora sí, y no un simple postureo, va a ser necesario. Hablemos pues de liderazgo.

LAURA SOUCHEIRON

«Venimos a llevarnos bien, pero no a ser amigos».

Laura es una *early zoomer* que nació con el fin del milenio. Pese a su juventud ha experimentado ya varios entornos laborales que le han permitido conocer con intensidad, tanto el valor del trabajo en equipo como los riesgos de las dinámicas difíciles dentro de una organización. Su historia refleja un aprendizaje temprano sobre la importancia de cuidar la salud mental, el respeto y la comunicación en el entorno profesional.

A lo largo de su corta trayectoria profesional ha conocido distintos estilos de liderazgo. De algunos aprendió la importancia de la empatía y acompañar al equipo, mientras que otros le sirvieron para identificar qué no desea reproducir. Con el tiempo entendió que la autoridad se gana con coherencia y respeto, y que la comunicación clara y la escucha son las herramientas más poderosas para generar confianza.

Reconoce que su comprensión de la convivencia generacional se está formando, pero el haber tenido algunos jefes con estilos dictatoriales y malas formas le ha hecho entender que detrás de esas corazas tóxicas se esconde mucha más debilidad e incapacidad de la que ellos vociferaban sobre los jóvenes. Por otro lado, también ha sentido que el liderazgo es algo que se otorga y que, por tanto, no tiene que recaer directamente en tu jefe directo. A veces puede ser un compañero u otra persona de nivel superior que se preste a acompañarte profesionalmente.

Laura afronta el futuro profesional con optimismo. Desea formar parte de equipos donde las personas se valoren mutuamente y los resultados se construyan desde la confianza y el aprendizaje. Considera que el trabajo ideal no es el que evita los retos, sino el que permite superarlos y crecer a través de ellos.

Ella se ve en el futuro ejerciendo un liderazgo con «un estilo cercano, mucha formación continua, mucha escucha activa y muchas preguntas al equipo. «Pondría límites claros y un sistema de objetivos real y transparente para mi equipo. Tendría mucha comunicación, sin atosigar, pero ir preguntando cómo van y qué necesitan, me centraría en dar y recibir *feedback* constante e intentaría apoyar al equipo en todo lo que pudiera».

De los *boomers* y la Gen X no puede aportar buenos aprendizajes ya que las experiencias que ha tenido no han sido buenas. Les achaca «una incapacidad de aceptar que las personas y la sociedad evolucionan y todavía un exceso de machismo». Deberían dejar de ver a los jóvenes como vagos y aprender a convivir profesionalmente con ellos.

Respecto a los *millennials* y los *zoomers* recomienda darles «espacio, flexibilidad, límites claros, exigencias directas. Somos sencillos claros y directos. Y eso es lo que nos gusta: dar y recibir». Lo que no recomienda es imponer la forma de pensar o la razón en base a autoridad, sino a convicción.

Respecto al liderazgo en remoto, recientemente está experimentando buenas prácticas junto a otros equipos internacionales. «Lo primero de todo, hay que confiar; segundo, establecer objetivos SMART e ir midiendo los resultados. No creo que tenga mucho más misterio o secreto. Reuniones 1 o 2 veces a la semana del equipo, un buen sistema de comunicación, y poco más. Es importante estar presente, aunque sea en la distancia. Eso en las grandes empresas no hay problema: los equipos están bien hechos y estructurados».

Construyendo puentes

Considera que a veces afinidades y amistades pueden condicionar el trabajo en equipo o la relación jerárquica, pero el buen líder tiene que saber trabajar con todo tipo de colaboradores, los afines y los distantes. Todos pueden aportar al objetivo. Pero es evidente que la cercanía, la simpatía y la sonrisa facilitan el trato que se da y recibe. Si se trata de colaborar y no de competir, ¿no sería más fácil así? También apunta que desde las empresas y RR. HH. se deberían hacer «*teambuildings* para juntar a todas las generaciones, ver diferencias, conocerse más generacionalmente, explicar rutinas de cada uno, contrarrestar opiniones, sembrando de tal manera respeto entre todas y viendo de manera consciente lo que necesita cada generación en cuanto a trato laboral».

Laura es una joven profesional que está creciendo en su madurez en busca de equilibrio, respeto y autenticidad. Ha aprendido que incluso de las experiencias difíciles puede surgir crecimiento y que la empatía y la comunicación son el punto de unión entre generaciones. Representa a los jóvenes profesionales que entienden el liderazgo como un espacio de confianza mutua, en el que todos pueden aportar y aprender.

Si quieres saber más sobre Laura, puedes descargarte información adicional sobre ella con ayuda de este código QR:

¿Cómo liderar a los que no quieren ser dirigidos?

En el año 2000 Robert Giffee and Gareth Jones publicaron un artículo en Harvard Business Review titulado «*Why Should Anyone be Led by You?*».[26] Han pasado más de 25 años y la pregunta sigue siendo totalmente válida. Para poder contestarla hace falta un profundo conocimiento propio y del impacto que causamos en los demás. Pero, lamentablemente, todavía hay muchos líderes que se gestionan fundamentalmente por autoridad y no por convencimiento. Todavía hay muchos líderes que consideran que tienen un único estilo de gestión, y que es el bueno, y pretenden que los demás sean los que se tienen que adaptar. Todavía hay muchos líderes que son malos comunicando, por falta de habilidad, interés, timidez o temor. Todavía hay muchos líderes que confunden supervisión con *feedback*, pero que no toleran que les digan que están en un error. ¿Por qué estamos todavía así? Afortunadamente también hay buenos líderes, pero, en mi experiencia, el autoconocimiento es una de las asignaturas pendientes en los puestos directivos de las empresas.

«El autoconocimiento es el punto de partida del liderazgo». Es la base de un liderazgo sólido. Desarrollar la conciencia de uno mismo, o autoconocimiento, es la primera condición necesaria para el desarrollo y el crecimiento como líder. Un líder puede desarrollar más habilidades, como las de comunicación o coaching, pero nunca podrá ser el líder

---

26   https://hbr.org/2000/09/why-should-anyone-be-led-by-you

auténtico al que otros quieren seguir sin conciencia de sí mismo».[27]

Si usted está realmente interesado y decidido a emprender el camino del autoconocimiento, el mejor consejo que puedo darle es la práctica de la meditación. La meditación nos ayuda a percibir antes los detonantes que nos activan (enfados, tristeza, alegría...etc.), lo que nos da margen a elegir y gestionar cómo responder. Nos ayuda a separar los hechos de las interpretaciones, es decir, identificar pensamientos como eventos mentales y distinguirlos de verdades absolutas. Nos sirve para mejorar nuestra interocepción (leer nuestras señales corporales, como por ejemplo un nudo en el estómago). Al reducir la autocrítica nos permite mirar nuestras sombras sin defendernos, lo que acelera la aceptación y el aprendizaje personal. Como consecuencia de la plasticidad del cerebro (definida como la capacidad de este de cambiar su estructura y funcionamiento en respuesta a la experiencia, el aprendizaje, la práctica, el entorno o una lesión), con solo 10' de práctica diaria, a las 3 o 4 semanas comenzará a notar sus efectos.

El tema de la meditación daría para escribir otro libro. Dejo en notas[28] un vídeo y un libro de mis dos grandes referentes en la materia: Nazareth Castellanos[29] y el Dr. Mario Alonso Puig[30].

---

27   Bill George, profesor en Harvard Business School y ex CEO de Medtronic.

28   «*Lo que la meditación puede hacer por tu cerebro*» Nazareth Castellanos. TEDxTarragona. Youtube y Dr. Mario Alonso Puig. «Tómate un respiro. Mindfulness». Edit. Espasa.

29   Física, neurocientífica y divulgadora española especializada en la investigación científica de la actividad cerebral. Desde 2022 ocupa la cátedra extraordinaria de *mindfulness* y ciencias cognitivas de la Universidad Complutense de Madrid.

30   Médico especialista en cirugía general y del aparato digestivo, *fellow* en Cirugía por la Facultad de Medicina de la Universidad de Harvard, en Boston, y miembro de la Academia de Ciencias de Nueva York y de la

Según Daniel Goleman, padre de la inteligencia emocional y autor del libro con el mismo nombre[31], todo líder debería tener 4 tipos de consciencia: autoconciencia (autoconciencia emocional), autogestión (balance emocional, adaptabilidad, positivismo), conciencia social (empatía, conciencia organizativa) y gestión de las relaciones (influencia, coach, gestión de conflictos, trabajo en equipo e inspiración).

Intentando simplificar el concepto, sería darles la importancia que tienen tanto a la consciencia interna como la externa. Es decir, priorizar el autoconocimiento y cómo impactamos e influimos con nuestros actos y omisiones en los demás. Como dice Simon Sinek, «no nos podemos autoevaluar. Necesitamos el contrafuerte de la valoración de otros».[32]

Este autoconocimiento interno y externo nos ha de servir para tener «la sensibilidad suficiente para interpretar las situaciones», según Bill Reddin y su Teoría 3D. Para ello, una de las habilidades fundamentales que ha de tener todo buen líder es su capacidad de lectura de las diferentes circunstancias; y, por otro, la flexibilidad, que no es lo mismo que maleabilidad. Un líder debe ser capaz de adaptarse a aquellas situaciones que requiera el contexto pero sin perder su esencia. Maleable es aquel que se pliega conforme sopla el viento. Un líder ha de ser flexible y resiliente. Y ha de ser resiliente para que, cuando convenga, mantener la presión correcta, suficiente y sutil sin doblegarse, ya que sus colaboradores también deben esforzarse y adaptarse a la empresa, sus com-

---

Asociación Americana para el Avance de la Ciencia

31   Más de 5 millones de libros vendidos en más de 40 idiomas. Publicado en España en septiembre del 1995.

32   La frase aparece en la entrevista que le hacen en «The Diary of a CEO» con Steven Bartlett, episodio E145: «Simon Sinek: The Number One Reason Why You're Not Succeeding» (publicado el 23 de mayo de 2022).

pañeros, al equipo y a su jefe. En eso consiste el juego: en la adaptación, el aprendizaje y el enriquecimiento mutuos.

Y aquí es donde quería llegar. El buen líder debe conocerse muy bien internamente (mediante el *feedback* que solicita a los demás con regularidad, 360º bien estructurados, encuestas de satisfacción, etc.), debe ser consciente de la percepción que los demás tienen de él, ser empático y saber leer y traducir el comportamiento de sus colaboradores (la actitud de un equipo es un reflejo de su liderazgo) y ha de tener la sutileza, la sensibilidad y la experiencia para saber leer e interpretar los contextos que comprende cada situación. No es lo mismo liderar una ONG que una empresa cotizada, un hospital oncológico, con médicos primeras figuras, que una fundición. No es lo mismo liderar en expansión que en época de vacas flacas. No es lo mismo liderar una empresa con productos maduros que una *startup*. Y no es lo mismo liderar a *boomers* que a *zoomers*. El buen líder ha de ser flexible y saber adaptar su estilo a cada caso y persona. No ha de ser maleable, pero sí flexible. Sobre todo sensible y con excelente olfato para leer el contexto y a las personas. Empático.

Como hemos ido viendo, las Gen Y y Z están provocando un momento de transformación generacional. Las empresas, la cultura y la sociedad están siendo rediseñadas por estos dos grupos que no han venido a encajar; han venido a transformar, cambiar las reglas del juego. Además, el contexto demográfico empujará cada vez más a depender de estos dos grupos en el contexto empresarial (empleados) y de mercado (clientes).

Hemos visto su enfoque ante la formación y el desarrollo profesional, hacia sus carreras y el trabajo (trifecta: dinero, propósito y bienestar), ante la flexibilidad, la conciliación y el equilibrio, y ante el dinero y su (in) seguridad financiera.

Recordemos que, respecto al liderazgo, valoran las actitudes positivas, jefes que marquen objetivos claros, fomenten empatía y ofrezcan y «tengan la capacidad» de dar un *feedback* de calidad. No toleran el postureo (*leadership washing*). Esperan ver reflejada la inclusión y la diversidad en la empresa y no solo enunciada. Rechazan el autoritarismo y se pueden sentir cómodos con *boomers* mentores si estos los aceptan como iguales.

Por lo tanto considero que estamos llegando —si es que no hemos llegado ya— a un momento histórico donde será fundamental tener un estilo de liderazgo ejemplar. Durante muchos años he dicho y repetido que, de la misma forma que cada domingo por la noche había 120.000 entrenadores del Barça en potencia, todo el mundo piensa que es un buen líder y sabe un montón sobre cómo gestionar personas, muchos sin haber estudiado en profundidad una materia que, desde mi punto de vista, requeriría una carrera universitaria.

El tema no es baladí. No es que no quieran ser dirigidos, sino que no quieren ser dirigidos con mano de hierro, a la antigua usanza. No van a responder «señor, sí señor». No quieren ser dirigidos por malos líderes. El problema es que quizás también haya 120.000 o un millón que se consideran «lo mejor».

Creo que puede ser importante facilitar una serie de reflexiones personales o consejos (si se me permite) de lo que entiendo que puede ser diferencial y de utilidad a la hora de gestionar *millennials* y *zoomers*. No es una lista exhaustiva ni cerrada, pero pretendo tocar temas de utilidad y que se puedan poner en práctica. Se trataría de buscar qué tipo de comportamiento del líder puede ser adecuado para cubrir las expectativas de estos grupos y, por lo tanto, conseguir el efecto deseado en sus *followers*.

a. Liderazgo empático y participativo

«Empatía» proviene de la raíz griega de en (ἐν, «en, dentro de»)+*páthos* (πάθος, *sentimiento*, padecimiento). En griego clásico, ἐμπάθεια (*empátheia*) significaba pasión/afecto intenso. El sentido psicológico actual nace en alemán como *Einfühlung* (sentir-dentro). En 1909 Edward Titchener lo traduce al inglés como *empathy*; de ahí pasa al español empatía. Su significado actual sería la capacidad de comprender y (en parte) compartir el estado emocional de otra persona desde su propio punto de vista. Podemos diferenciar entre empatía cognitiva, que es entender lo que el otro siente o piensa, y empatía afectiva, congeniar con lo que el otro siente. No debemos confundir empatía, «sentir con el otro», con simpatía, «sentir por el otro».

Para liderar con empatía hay que entender las emociones y los sentimientos de los otros y adaptar el comportamiento de forma que, teniéndolos en cuenta, se adopte el más adecuado para acompañar a los otros y conseguir que hagan suyo el proyecto que nos hayamos marcado.

Para ello va a ser necesario mantener una escucha activa, esa habilidad de prestar atención plena y deliberada a quien habla para entender su mensaje (ideas y emociones), verificar que se ha entendido y responder de forma que el otro se sienta comprendido y la conversación avance. Los elementos clave son:

- Atender: presencia total, contacto visual, lenguaje corporal abierto, silencio útil.
- Entender: captar contenido y emoción (no solo «qué dice», sino también «cómo se siente»).
- Verificar: parafrasear («Si te entiendo bien...»), resumir, preguntas abiertas y reflejo emocional («Suena frustrante...»).

- Responder: aportar lo justo (validar, clarificar, co-crear opciones) sin interrumpir ni juzgar.

¿Qué no es escucha activa? Esperar tu turno solo para hablar, dar consejos prematuros, minimizar emociones, interrogar en exceso o «arreglar» de inmediato.

Además se ha de hacer desde la autenticidad, es decir, ha de ser un ejercicio de comunicación (hablar+escuchar) sincero. Si uno no lo ha realizado de forma regular se puede encontrar torpe al principio y demasiado rígido. Eso no va a sonar «sincero». Es normal, no nos preocupemos. Con la práctica vendrá la competencia[33]. Es decir, hemos de demostrar un interés sincero en lo que se nos está diciendo y en cómo se nos está diciendo, y se lo hemos de hacer perceptible a la otra persona. La autenticidad la podemos interpretar como congruencia, entendida como la concordancia entre lo que decimos, sentimos y hacemos. Es decir, nuestros hechos van en línea con nuestras palabras. Somos coherentes, predecibles y no generamos sorpresas (algo negativo). Seremos más fiables, cumpliremos con nuestros compromisos.

Con estos mimbres (aunque no solo con ellos) será más fácil generar confianza, ingrediente básico y esencial que nutre todas las relaciones humanas. Sin ella es más fácil que surja el conflicto. Los Gen Y y Z quieren que sus relaciones de trabajo, incluso las jerárquicas, se basen en la confianza, no en la autoridad, y muchísimo menos en la sumisión. Yo confío en ti y, en la medida en que esta confianza se confirme y no se defraude, te voy a seguir y dejaré que me influyas. Pero quiero entender el porqué de tus acciones, ya que no se trata de una confianza ciega. Eso sería fe, y ellos no practican la fe en el trabajo.

---

33   Según Daniel Goleman, en su libro *Focus*, el círculo virtuoso de la competencia o *flow* vendría por empezar siendo inconsciente incompetente, consciente incompetente, consciente competente e insconciente competente, para acabar en *flow*, siendo inconscientemente competente.

En función de su experiencia y la materia de la que se trate será importante que sientan que su voz importa. Recordamos que es muy importante el sentido que le dan al trabajo y la relevancia de su aportación. Si no la tiene o no se la damos, su esfuerzo y compromiso decaerán. Si permitimos que se escuchen sus opiniones será más fácil hacerles sentir parte de las decisiones. Es decir, responsables, y por tanto más comprometidos.

b. Formación continua y «feedback» real

Para entender el concepto de formación por parte de estos grupos nos tenemos que situar en sus respectivos momentos de inicio de sus carreras. Los *millennials* entraron en el mercado laboral en plena crisis del 2008 –con desempleo alto, salarios estancados y menos seguridad– y respondieron cuestionando el *statu quo* y buscando más propósito y nuevas formas de trabajo. La Generación Z, en cambio, arrancó en plena pandemia, lo que reforzó su foco en el equilibrio vida-trabajo. Estas distintas trayectorias explican tensiones y expectativas divergentes en el lugar de trabajo.

La Gen Z, a diferencia de otras generaciones, no tiene entre sus ambiciones la de «escalar» jerarquías: solo el 6 % declara como su objetivo principal el llegar a un puesto directivo. Eso no implica falta de ambición, sino que priorizan aprender y crecer. De hecho, el aprendizaje+desarrollo (*Learning & Development*) es uno de los tres principales motivos para elegir empleador, junto con el equilibrio vida-trabajo y las oportunidades de progresión. Esta orientación se traduce en la práctica en que 7 de cada 10 Gen Z afirman desarrollar habilidades para avanzar en su carrera al menos una vez por semana (frente al 59 % de *millennials*). Lo hacen tanto durante la jornada como antes o después del trabajo y en días

agenda, prepara los casos, documenta los aprendizajes y ejecuta los acuerdos que se plantean. Se exige confidencialidad, evitar conflictos de intereses y ha de quedar claro que el mentor no evalúa el desempeño ni sustituye al jefe.

Por lo tanto, buscan poder aprender constantemente de su líder y no ser enjuiciados ni evaluados. Pero, si soy su jefe y quiero ejercer de líder y hacerlo bien... ¿significa eso que no los voy a poder juzgar ni evaluar? No. Sí les vas a poder evaluar, pero será muy importante cómo lo hagas. Las nuevas generaciones demandan *feedback* regular, de calidad, hecho por profesionales formados, que sirva para su mejora continua y su desarrollo, y no como una simple forma de fiscalización. La famosa «gestión del desempeño» ha sido condenada y vilipendiada como una mala herramienta. En mi opinión, el problema no está en la herramienta, sino en quién la utiliza, la mayoría de las veces no está formado adecuadamente para saber facilitar *feedback* constructivo y de calidad. Los *centennials* no tienen problema con el *feedback* pero sí lo ignorarán o recibirán como un mal trámite si su jefe es un energúmeno que no tiene preparación, ni interés y se nota que lo hace para poner un tic en su lista de temas pendientes. Pero, además, para poder garantizar ese crecimiento, estos grupos piden que ese *feedback* sea inmediato y útil, no una o dos veces al año, sino con muchísima más regularidad e inmediatez.

c. Propósito y transparencia

El propósito, entendido como sentido que le damos a una cosa, ha sido bastante estudiado y explicado a lo largo de la historia. Desde Aristóteles, que en su ética del *telos* (τέλος) y el *ergon* (ἔργον) sostenía que la realización de una persona pasaba por ejercer bien su propia función, pasando por Marco Aurelio, en cuyas *Meditaciones* exhortaba a levantar la obra de un ser humano, subrayando su deber, su contribución y la naturaleza de su propio trabajo.

La obra que más me ha marcado y emocionado, sobre todo teniendo en cuenta que se basa en hechos reales, fue *El hombre en la búsqueda de sentido,* del neurólogo, psiquiatra y filósofo austriaco Viktor E. Frankl. En su libro, Frank, prisionero y sobreviviente de cuatro campos de concentración y exterminio nazi (entre ellos Auschwitz y Dachau), nos relata sus reflexiones y observaciones acerca de que los individuos que mejor resistían no eran necesariamente los más fuertes, sino quienes podían anclar su vida a un sentido: una tarea por completar, un amor al que volver o una actitud digna ante el sufrimiento. Su tesis central es que la «voluntad de sentido» es la motivación humana primaria y más fuerte. Incluso cuando no controlamos lo que nos sucede conservamos la libertad última de elegir la actitud con la que respondemos.

Quienes mejor han explicado el propósito en el trabajo fueron Daniel Pink[34] y Simon Sinek[35]. Daniel nos descubría que lo que realmente anhelamos los seres humanos son tres cosas: 1. La libertad de dirigir nuestra vida (*Autonomy*); 2. Dominar la disciplina por la que tenemos vocación (*Mastery*); 3. Lograr objetivos que lleguen más allá de nosotros mismos (*Purpose*).

Por su parte, Simon Sinek, en su teoría del *golden circle,* distingue tres niveles de gestión: 1. Qué haces (productos o servicios), 2. Cómo lo haces (valores y procesos) y 3. ¿Por qué lo haces? (propósito, causa, creencia).

La mayoría de líderes comunican de fuera adentro (qué→ cómo→ por qué), mientras que los líderes que inspiran em-

---

34   Recomiendo ver el vídeo TED: https://www.youtube.com/watch?v=1ipQG6b9x7o o https://www.youtube.com/watch?v=IhJ4CDCfASI

35   También es excelente el vídeo TED: https://www.youtube.com/watch?v=u4ZoJKF_VuA

piezan por el porqué. Comunicar desde el *Why* conecta con el sistema emocional/instintivo de las personas y genera confianza y lealtad, no solo transacciones. Si conseguimos comunicar con claridad el porqué, mantener la disciplina con el cómo y la consistencia con el qué, el mensaje que trasladaremos será mucho más creíble.

El propósito, por tanto, es un factor clave de la motivación, seas de la generación que seas, pero, según Deloitte[36], para el 89 % de *millennials* y 92 % de Gen Z, también influye en cuanto a su satisfacción en el trabajo y bienestar. Muchos jóvenes quieren encontrar sentido en sus carreras, su trabajo y, si no lo encuentran, a menudo lo buscan fuera (*side hustles*). A la hora de evaluar una oferta, más del 50 % de los dos grupos verifican que el trabajo ofertado para ellos tenga un significado, un propósito. Y un 78 % declara la falta de propósito como el mayor problema para aceptar una oferta[37].

¿Cómo podemos contribuir desde la dirección de la empresa a satisfacer este sentido de propósito?

En primer lugar, si el único objetivo de nuestra empresa es generar beneficios, lo tenemos complicado. Desde mi punto de vista, toda empresa ha de tener, por un lado, el objetivo de perpetuarse, es decir, mantener su legado en el tiempo y no ser efímera, y por otro provocar un cambio positivo en la sociedad, en el mundo. Muchas empresas, por voluntad propia o si piensan que su impacto en el bienestar general futuro es bajo, buscan desarrollar RSC y colaborar activamente con ONGs. Si esta visión es real y se traduce en hechos y proyectos que la empresa vive y siente, debe trasladárselo a estos grupos. Pero si solo son unas líneas en la memoria oficial de la compañía, la intención producirá incluso peores efectos. Recordemos que persiguen, piden y exigen autenticidad.

---

36 *Deloitte Global 2025 Gen Z and Millennial Survey.*

37 *A Gen Z report.* Oliver Wyman Forum.

Por lo tanto, busquen vasos comunicantes entre sus productos y servicios y esos valores que quieren trasladar a la sociedad. Y que esos principios y valores se traduzcan en hechos contrastados, en realidades prácticas. Comuníquenlos con asiduidad y promuevan la participación de sus empleados y el voluntariado. No se trata de ser ONGs, pero soy un convencido de que «las empresas deben tener beneficios, aunque estos deben tener un sentido».

Hay ejemplos de grandes empresas que están gestionando de forma excelente su propósito. Podemos citar a:

- Patagonia[38] (ropa *outdoor*). Su propósito: «Estamos en el negocio para salvar nuestro hogar, el planeta Tierra». En el 2022 su fundador traspasó la propiedad a dos entidades (Patagonia Purpose Trust y Holdfast Collective) para que todos los beneficios no reinvertidos se destinasen a la defensa del planeta.
  - *Great Place to Work*: el 95 % de sus empleados declara «sentirse bien con cómo contribuimos a la comunidad» y un 94 % se siente «orgulloso de trabajar aquí».
  - *Glassdoor*: 4,2/5 de valoración global y un 81 % recomendaría la empresa a un amigo.

- *Salesforce*[39] (*software*/CRM). Su propósito: «Los negocios son la mejor plataforma para provocar el cambio». Fue pionera del «modelo 1-1-1» (1 % de *equity*, 1 % de producto y 1 % de tiempo de empleados para causas sociales) que ha inspirado el movimiento «Pledge 1 %» que supone 7 días (56 h) de voluntariado pagados al año a

---

38   https://eu.patagonia.com/
39   https://www.salesforce.com/es/

toda la plantilla para que colabore con causas alineadas con su propósito.

- *Great Place to Work*: el 93 % de sus empleados declara «me hicieron sentir bienvenido al incorporarme» y un 90 % se siente «orgulloso de trabajar aquí».
- *Glassdoor*: 4,1/5 de valoración global y un 80 % recomendaría la empresa a un amigo.

Pero no hace falta ser una multinacional para tener un propósito o un sentido que trascienda y pueda ser ofrecido a sus empleados. Las pequeñas empresas con pequeñas contribuciones, aportaciones o compromisos también cuentan. Muchas veces podrán ser incluso más tangibles y cercanos para sus empleados. Lo importante es ser auténtico y entregar una contribución a la sociedad, por pequeña que sea.

Hay un aspecto más que considero importante resaltar cuando hablamos de propósito. Cualquier trabajador, todo colaborador, ha de poder entender cuál es su contribución a la empresa. Ha de poder comprender en qué consiste la relevancia de su trabajo.

Me acuerdo de una conversación, hace muchos años, con una recepcionista de una empresa (AlliedSignal)[40]. Estaba un poco frustrada, pero era la primera voz que oían muchas personas (y la tenía preciosa) y clientes o potenciales clientes de la empresa. Y muchísimas más veces era la primera imagen, la primera sonrisa que recibían al entrar en la empresa. Su amabilidad (que la tenía), cortesía y buen trato eran algo a destacar y que hacía falta trasmitirle. Además, como era efi-

---

[40] AlliedSignal SRS: producíamos cinturones de seguridad de coches y aparatos pretensionadores, componentes de vehículos de seguridad con un nivel de calidad six sigma.

caz y muy predispuesta, consolidaba la imagen de fiabilidad que tenía la empresa.

También me acuerdo de otra empresa, Yamaha. En 1999 me trajeron a un operario de línea porque le habían pillado despistado y se le habían pasado piezas sin inspeccionar. Pretendían que le echara bronca y lo sancionara, ya que era lo que hubiera hecho mi antecesor. Me lo llevé a hablar en privado y le estuve explicando un incidente muy importante que ocurrió años antes en el vuelo 5390 de British Airways entre Birmingham y Málaga. En pleno ascenso se desprendió el parabrisas del lado del piloto, Tim Lancaster, que quedó medio fuera. La tripulación lo sujetó por los tobillos mientras el primer oficial aterrizaba en Southampton. La investigación oficial (AAIB) concluyó que la víspera se habían montado tornillos de un diámetro inferior al especificado y algunos de longitud incorrecta al instalar el parabrisas. Eso produjo el incidente, que podría haber sido mortal. Le expliqué que nuestro trabajo en automoción estaba ligado a la seguridad de nuestros clientes y que su pericia podía evitar accidentes graves y un pequeño error podría ser fatal. Nunca hubo una nueva queja de aquel operario.

Hay una fábula muy famosa, la del picapedrero de Notre-Dame[41]. Dicen que un peregrino llegó a las obras de la catedral y encontró a tres picapedreros.

–¿Qué haces? –le preguntó al primero.

–¿No lo ves? Pico piedra. Es duro y estoy agotado.

Al segundo le dijo lo mismo:

---

41   La fuente más antigua localizada por escrito no habla de Notre-Dame, sino de Christopher Wren visitando las obras de San Pablo (Londres) tras el Gran Incendio de 1666. Aparece en 1927 en el libro *What Can a Man Believe?* de Bruce Barton. Wren pregunta a tres obreros y el tercero contesta: «Estoy ayudando a sir Christopher Wren a construir esta gran catedral». Es el texto más citable y verificable.

—Me gano la vida para mi familia. No es el mejor trabajo, pero me permite seguir adelante.

Cuando le preguntó al tercero, este sonrió, levantó la vista y respondió:

—Estoy construyendo una catedral.

Para un mismo oficio puede haber tres niveles de sentido: el de tarea, sustento o propósito. Aunque propósito sin transparencia sería como un faro apagado en la niebla.

Cualquier persona que trabaja en una empresa, que se sienta mínimamente comprometida, quiere saber cómo le van los resultados. Me acuerdo de un CEO que se quejaba de que muchos de sus empleados no sudaban ni sentían la camiseta pero no le gustaba comunicar los resultados (beneficios) de la misma. Esta es una gestión arcaica. La gente es lo suficientemente madura para entender que si las cosas no van bien, si los resultados no acompañan, habrá que reducir costes y apretarse el cinturón. Las empresas se han de gestionar con transparencia. En otra empresa, cada año se exigían beneficios a doble dígito. Si no se conseguían era una tragedia. La fórmula para conocer los beneficios era secreta y solo la conocían el director general y el financiero. Los comentarios por debajo era que hacían magia negra; o se conseguían los beneficios (y esos dos conseguían un espléndido bonus, muy por encima de los demás) o, si no se conseguían, rodaban cabezas. Era igual que se hubiese logrado un 19 % de EBITDA si lo que se pedía era un 20 %.

También me he encontrado, y no hace tanto, en donde a los comerciales se les exigían unas ventas, unos márgenes y unas cuotas de mercado determinadas pero que, si les preguntabas «¿cómo vas?», «¿qué crees que vas a conseguir?», ¡no lo sabían! Solo lo sabía el director general comercial. ¡A él se encomendaban! A nosotros los *boomers*, y a los X, evidentemente nos gustaba y queríamos saber cómo iba la empresa. Pero bajo el «ordeno y mando» y el correspondiente síndrome del «trabaja y calla», el recorrido tenía un final. Normalmente «¿has cobrado o no?» y poco más.

Si quieres gestionar bien a los nuevos grupos en tu empresa, la transparencia es una apuesta mínima. Los *zoomers* son mega escépticos. Proporcionar transparencia en la revisión de procesos, objetivos, pagos, roles, tareas, proyectos, selecciones, vacantes, etc. sirve para construir confianza y evitar el pensamiento de que «el césped de mi vecino siempre es más verde que el mío», lo que lleva a altas dosis de rotación.[42]

Por transparencia podríamos entender que la información relevante para trabajar y decidir esté accesible, comprensible, verificable y a tiempo real para todas las personas afectadas por esa decisión, respetando la confidencialidad. Transparencia es claridad de objetivos, criterios y razones; trazabilidad de decisiones, visibilidad de métricas, fórmulas y prioridades, y apertura sobre errores y riesgos. Por el contrario, no es contarlo «todo» sin filtro. No es reenviar correos indiscriminadamente, publicar datos personales o sensibles, ni usar «la sinceridad» como arma.

La comunicación es el aceite que engrasa las empresas. La falta de comunicación transparente puede ser síntoma de baja confianza o carencias de liderazgo. Cuando existan límites legítimos conviene explicitarlos. Si no hay límites y persiste la opacidad hablamos de un riesgo de gobernanza que el Consejo debe corregir. Hablando en plata, debilidad o falta de capacidad.

No es un tema a considerar solo por las nuevas cohortes, sino que es para todos. Cuando se nos comunica algo se nos gana, se nos consigue por las emociones y la pasión que se le pone y no solo por los datos que se nos trasladan. En este sentido, el líder debe ser un narrador de propósitos y no solo

---

42   *Oliver Wyman Forum/ The News Movement Gen Z Survey, October 2022.*

un gestor de KPIs. Y en esto deben ir con mucho cuidado los que tengan una tendencia numérica elevada. He conocido a muchos directores financieros capaces de recitar el reporte ejecutivo de la empresa con menos emoción y pasión que un cactus. Tuve uno de ellos hace unos años que era más frío que el hielo, que consiguió un ascenso y se fue a trabajar al Reino Unido. Al cabo de un tiempo le pregunté al director europeo de RR. HH. (un italiano) por cómo le iba a mi ex-colega. La respuesta fue gráfica: «Está en su ambiente; es más inglés que los ingleses».

Supongo que alguna vez te habrá pasado que has estado delante de un vendedor o de alguien que te quería convencer de algo, pero solo con datos, y no te ha convencido... y le has dicho: «Entiendo todo lo que estás diciendo, pero no me convences... Hay algo aquí dentro que me dice que no es lo que yo quiero». ¿Por qué nos sucede esto? Tenemos dos modos de tomar decisiones: un modo rápido, intuitivo y emocional que actúa en milisegundos, automático, eficiente y guiado por hábitos y emociones. Otro más lento, analítico y consciente, que tarda segundos o más, deliberado, que compara opciones y justifica.

El rápido nos salva tiempo y a veces la vida; el lento nos salva de errores... cuando lo activamos. No son dos circuitos aislados, sino dos modos que se coordinan, cooperan e inhiben según el contexto.

Lo rápido se apoya más en circuitos emocionales y de hábito (amígdala, ganglios basales); lo lento depende de la corteza prefrontal, que planifica y controla. El cerebro suele preparar decisiones antes de que seamos conscientes; la consciencia llega a supervisar y, si hace falta, corrige.[43]

---

43   Para quien quiera saber más recomiendo programa Redes de Eduard Punset (https://www.youtube.com/watch?v=HwffUcpTX_Y) donde entrevista al neurólogo John-Dylan Haynes, experto en toma de decisiones del cerebro.

Cuando, a pesar de que nos han dado todos los datos, no nos convencen, es porque el sistema límbico (el emocional) ya ha tomado su decisión.[44] Es como cuando en «First Dates» descartan a un pretendiente diciendo que le ha gustado mucho, que todo muy bien pero que no ha surgido la chispa. A la gente se la gana, convence por las emociones. Por eso las personas grises y apagadas tienen tanta dificultad para convencer y atraer a otros. Por eso a las personas sesudas y muy instruidas pero sin pasión las asimilamos más a pelmazos de los que huir que a seres interesantes. El líder debe ser un narrador de propósitos y no solo un gestor de KPIs.

d. Fomento de la individualidad

El informe «*A Gen Z report*» retrata a la Generación Z como «individualistas creativos», que rehuyen etiquetas y normas heredadas, especialmente las de género y belleza. Frente a la caricatura de «nihilistas», se describen como «realistas desencantados» por haber crecido entre la Gran Recesión (2007-2009), la pandemia y crisis sociales; sin embargo, transforman ese desencanto en una búsqueda activa de sentido «a su manera», con la lógica «YOLO» (*You Only Live Once*) y «YDY» (*You Do You*). Así son más proclives que otros grupos a «explorar caminos vitales no tradicionales» (por ejemplo, carreras «no convencionales» o «flexibles») y a «doblar reglas» si es necesario.

• Gen Z rompe con marcos binarios: en EE. UU. y Reino Unido, 1 de cada 5 personas se identifica como no heterosexual y más de un 10 % como no cisgénero. La aper-

---

44   Un consejo: la «regla 70/30»: si la decisión es reversible y el coste bajo, acepta el circuito rápido con un 70 % de información; si es irreversible/ alto impacto, exígete el lento y más evidencia.

tura es transversal, es decir, la brecha entre jóvenes de diferentes afinidades políticas en temas de diversidad es mucho menor que en generaciones anteriores. Esto impulsa modas *genderless*: la Gen Z es un 78 % más proclive que otras generaciones a vestir prendas neutras o tradicionalmente asociadas al «otro» género. Reclaman que marcas y jefes entiendan y celebren esas diferencias, y que la inclusión sea práctica y cotidiana, no un eslogan.

- Cuestionan convenciones: son un 130 % más proclives a ver como válidas las relaciones abiertas y 82 % más a considerar obsoletas las normas de género tradicionales; además, un tercio de las mujeres Gen Z cree que los estándares de belleza actuales son inalcanzables sin cirugía. Estas posturas se enlazan con su demanda de marcas vulnerables y auténticas (casos de marketing con creadores que funcionan por su tono desenfadado y real).

- Son «espirituales pero no religiosos»: son un 25 % menos propensos que otras generaciones a creer que la religión organizada crea comunidad.

Ante este contexto los líderes deben normalizar ese individualismo con políticas y símbolos de inclusión reales (pronombres, baños, códigos de vestimenta, estilo de liderazgo, etc.) que se noten en cada mando y dirección, y no solo en las políticas de la empresa.

También se les deben facilitar experiencias comunitarias *online* donde la Gen Z encuentre a su tribu (comunidad digital); ellos valoran la autoexpresión y los espacios donde puedan aportar ideas únicas. El liderazgo, por tanto, debe estimular su creatividad, permitir la experimentación y evitar fórmulas rígidas.

DANIEL ROSSINÉS

«Trata a los demás como a ti te gustaría que te tratasen a ti».

Daniel Rossinés es un *late* Gen X, es decir, nació en los últimos años de la década de los 70. Actualmente es CEO de una empresa familiar del sector del lujo –joyería y relojería– con 185 años de historia. Su trayectoria es multisectorial: ha asumido responsabilidades directivas en juguetes, salud (residencias de mayores) y hoy lujo. Ese recorrido le ha exigido aprender a gran velocidad y sobre todo practicar la humildad: escuchar, observar y comprender a fondo el negocio antes de trazar el plan estratégico.

Cada aterrizaje en un nuevo sector le ha pedido el mismo ejercicio: entender el camino recorrido por la compañía, empatizar con las personas clave y construir confianza. «Cuando llega un nuevo director general o CEO puede generar cierta inquietud en la empresa; es posible que pueda traer cambios que les afecten a ellos personalmente. Pero siempre me han sorprendido positivamente las ganas que ha tenido todo el mundo en los diferentes proyectos en que he estado y en el actual de Unión Suiza sin excepción».

Del liderazgo recibido Daniel destaca especialmente uno de sus referentes en una compañía japonesa, donde «la pulcritud a la hora de preparar toda la documentación, entender que un trabajo no finaliza hasta que se ha acabado, o que una jornada termina solo si alcanzamos el objetivo asignado y que las fechas de entrega siempre son importantísimas. Esa manera de trabajar el detalle que en general tienen los japoneses para mí fue una aprendizaje muy interesante y funcionó muy bien, por el tema de poder priorizar y organizar el día a día en base a esos *timings* que estaban marcados».

En el plano del estilo, prefiere –y ha vivido con mejores resultados– un liderazgo inclusivo y por convicción: participación real en aciertos y errores, autonomía para pensar y aportar valor, y una comunicación transparente. «Nunca me ha gustado y no ha funcionado conmigo el liderazgo por imposición. Prefiero un liderazgo por convicción. Es también un tipo de pensamiento que intento trasladar a los equipos de trabajo».

Sobre liderazgo ejercido nos dice que su regla de oro es simple (pero que no todo el mundo aplica): tratar a los demás como le gustaría ser tratado. Se traduce en escucha activa, claridad de expectativas (roles, límites y objetivos) y autonomía con acompañamiento «desde arriba», sin microgestión. Cree en el *mentoring* y el desarrollo del talento: cuando detecta potencial y ganas abre caminos formativos. Recuerda el caso de un operario de almacén con inquietud por el diseño: tras un año de formación en 3D pasó a diseñar producto. Para Daniel, el talento existe; hay que saber verlo y cultivarlo.

En cuanto a convivencia, en este caso con los *boomers*, «los más sénior, como bien dice la palabra, son sénior por algo, porque tienen una experiencia, un recorrido, un conocimiento, un bagaje. Y ahí se necesita una escucha activa y bidireccional. En este sentido, con los *boomers* y los X, en los cuales yo, en este caso, también me incluyo. Hay experiencias vividas que permiten no solamente anticipar posibles situaciones en el camino, sino también visualizar con más claridad proyecciones de negocio, organigrama, en puridad, anticipar escenarios».

A sus pares de la Generación X les pide abrir la mirada: la experiencia es un grado, pero no invalida el valor de las ideas nuevas. Recomienda «pensar *out of the box*», fuera de la caja. Y salirse un poco de su zona de pensamiento habitual y estar abierto a nuevas posibilidades y nuevas formas de hacer. Yo creo que siempre es importante que todos esos equipos, independientemente de edad y experiencia, incorporen la idea de que todo es mejorable. Hacemos las cosas bien, sí, pero el mercado cambia, nosotros cambiamos, el consumidor cambia, la tecnología también y por tanto siempre se tienen que revisitar y revisar los procesos que estamos haciendo para ver si son mejorables».

A la hora de hablar de *millennials* y *zoomers*, Daniel incluye un concepto muy interesante y nos dice que los *boomers* y los X son muy «estajanovistas»[45], muy implicados en el trabajo, se involucran sin pedirles nada en el día a día de los proyectos. En el caso de aquellos, los más jóvenes, «su involucración viene si se sienten personalmente vinculados; ya no hablo únicamente de un espectro profesional, sino también personal. Se tienen que sentir personalmente involucrados y, por tanto, la manera de funcionar con ellos es con mucha didáctica, mucha empatía y hacerles ver por qué se va o se decide un camino a seguir. Esa es la gran diferencia entre una generación y la otra». Este grupo acusa mucho más cuando el discurso es de imposición en lugar de convicción. La jerarquía no es la mejor forma de que funcionen.

Respecto al liderazgo en remoto, «hoy en día estamos en una situación en que la tecnología, sobre todo a raíz de la pandemia de COVID, permite desarrollar gran parte de los trabajos en remoto. No todos,

---

45   Estajanovismo: https://es.wikipedia.org/wiki/Estajanovismo

obviamente: hay trabajos que son presenciales y no permiten el remoto, como podría ser en la línea de producción de una fábrica o una tienda de *retail*, de presencia física. Pero dicho esto, creo que es muy importante poder conciliar la vida familiar y la profesional de nuestros equipos, y en este sentido, para poder desarrollar de forma clara ese proceso de trabajo en remoto, es importante que los roles y las funciones de los equipos estén muy bien definidos, y que los objetivos, expectativas, *timings*, etc. estén todos muy bien marcados para que así, independientemente de con de esté una persona o no, pueda desarrollar todo su potencial y su trabajo de forma clara y en el tiempo adecuado».

Construyendo puentes

La clave está en «poder mezclar e interrelacionar las diferentes generaciones dentro de la estructura de una empresa; aprovechar la *seniority* de los perfiles en edades más avanzadas, de generaciones X y *boomers*, que ya tienen un recorrido, una experiencia, y que pueden adelantar situaciones y desarrollar proyectos de forma más rápida, porque pueden descartar cosas que no son importantes dentro del proyecto. E interrelacionarlos con las nuevas generaciones que precisamente no cuentan con esa experiencia, pero sí con nuevas maneras de enfocar procesos de pensamiento analítico, y sobre todo una nueva velocidad. Las generaciones más jóvenes tienen ese ímpetu y ganas por aprender, mejorar, crecer, y conseguir llegar, sobre todo, a los objetivos que tienen en mente. Conseguir interrelacionar estas dos dinámicas, y estos dos ritmos, siempre es algo muy positivo dentro de una empresa.

Para Daniel Rossinés, el puente entre generaciones se construye con respeto, claridad y aprendizaje mutuo. La experiencia ayuda a evitar atajos inútiles; la mirada nueva descubre caminos mejores. Si la organización explica bien el propósito, fija objetivos claros y forma a las personas para crecer, la mezcla intergeneracional no solo es posible: es la ventaja competitiva.

Daniel es un joven CEO con una trayectoria impresionante; también tiene unas formas, educación y saber estar excelentes. Pero sobre todo tiene unos valores que ejemplifica, y con un nivel de solidaridad y entrega, que si fuera la media del resto de la gente seguro que estaríamos en un mundo mucho mejor. ¡Nos hacen falta más danieles!

Si quieres saber más sobre Daniel, puedes descargarte información adicional sobre él con ayuda de este código QR:

Empresas, cómo adaptarse y
no morir en el intento

L legados a este punto queda claro que estamos ante un ejercicio de adaptación. Las empresas se van a tener que adaptar a un mercado de trabajo cambiante. Y no me cabe duda de que las nuevas generaciones, Y y Z , también se van a tener que adecuar. Esto será el contenido del siguiente capítulo.

A la hora de hacer una serie de recomendaciones he querido recoger lo mucho expuesto hasta el momento y ponerlo de forma mínimamente ordenada y en formato ejecutivo (*bullet points*). Estas recomendaciones son un *numerus apertus,* pues ni son todas las que hay, ni hay que implementarlas todas. Cada empresa, en función de su contexto, situación, sector, tamaño, etc. deberá decidir por dónde se decanta. Pero sí creo que pueden dar respuesta a muchas de las inquietudes o expectativas que hemos ido viendo a lo largo de las páginas anteriores.

Por lo tanto, mis recomendaciones clave para las empresas ante la nueva realidad generacional serían las siguientes:

1. Relevo generacional
    - Realizar un mapa demográfico de la empresa, identificando las distintas capas de edad y los picos de jubilación próximos.
    - Diseñar planes de sucesión anticipados, apoyando y facilitando transiciones ordenadas para la salida de perfiles sénior.
    - Ofrecer formación y asesoramiento sobre jubilación y pensiones a los empleados próximos al retiro.

- Capturar el conocimiento clave antes de su salida, asegurando una transferencia interna estructurada.
- Gestionar bien las salidas: el trato que das a los que han trabajado muchos años lo observan con lupa los que se quedan. Es cuestión de credibilidad!

2. Captación de talento joven
   - Claridad y transparencia en las ofertas de trabajo[46].
   - Fortalecer los canales y los procesos de selección, tanto internos como externalizados, ajustándolos por tipo de perfil profesional.
   - Establecer vínculos sostenidos con universidades, escuelas de negocios y centros de formación profesional.
   - Fomentar acuerdos de prácticas y crear escuelas internas de aprendices.
   - Utilizar el relato de profesionales en activo como historias de éxito.

3. Desarrollo y liderazgo
   - Tener un *onboarding* verdaderamente eficaz y profesional.[47]
   - Implementar la figura del *buddy* como facilitador del proceso.[48]

---

46   Según el California Management Review, 2019 Vol.1, y, como consecuencia de la falta de experiencia previa de la Gen Z, hay que ofrecer un «plus» a la hora de manejar sus expectativas y la información que necesitan. Así, aconseja detallarles las responsabilidades esenciales del puesto, aclarar la previsión de horas de trabajo, viajes y las condiciones laborales; los aspectos más positivos y negativos que pueden tener en la gestión de su trabajo, en relación con la organización y su jefe; comentar extensamente la cultura de la empresa y el potencial crecimiento profesional que pueden tener en ella.

47   Ver punto *onboarding* en departamento de RR. HH.

48   Un *buddy* en una empresa es un compañero experimentado asignado para acompañar y guiar a un nuevo empleado durante su proceso de integración , ofreciendo un apoyo más informal y amigable que el de un gerente.

- Ofrecer caminos de crecimiento no jerárquico como rutas de progreso profesional que no dependan exclusivamente de ascensos verticales, sino de la profundización en el rol, la especialización o proyectos transversales.
- Detectar *manager*s con alta capacidad de liderazgo, especialmente con habilidades para el *mentoring* y el *reverse mentoring*.
- Formar intensivamente a los líderes con menor sensibilidad en gestión de personas. Evitar estilos autoritarios.
- Fomentar el autoconocimiento mediante *feedback* 360º regular con seguimiento.
- Reforzar las *soft skills* y la comunicación para la gestión del desempeño.
- Facilitar un liderazgo personalizado y espacios de conversación de crecimiento.

4. Cultura de propósito
   - Comunicar de forma repetida, clara y auténtica el propósito, la visión y los valores de la empresa hasta que calen en el ADN organizativo.
   - Demostrar con hechos la coherencia del propósito empresarial.
   - Formar a los *managers* para que transmitan de forma honesta la relevancia de cada puesto y cómo contribuyen al resultado conjunto de la empresa.

5. Formación continua
   - Ofrecer formación variada, flexible y de calidad a la carta.

Su función es facilitar la adaptación del recién llegado, responder preguntas, enseñar las normas no escritas y ayudar a construir una red de contactos y un sentido de pertenencia dentro de la organización.

- Diseñar itinerarios formativos por rol y controlar su cumplimiento.
- Asegurar la utilidad de la formación: mínimo de asistencia, exigencia de resultados de seguimiento, etc.
- Aprovechar talento interno con programas de *train the trainers*.
- Incluir formación en finanzas, inversiones, mercados, criptomonedas y cultura económica general.
- Fomentar el *mentoring* y el *reverse mentoring*.

6. Bienestar físico y mental[49]
   - Ir más allá del cumplimiento legal en salud laboral y demostrar preocupación genuina.
   - Convertir las iniciativas de salud en beneficios reconocidos dentro de la propuesta de valor al empleado.
   - Establecer espacios de meditación guiada de 15-20' día, por ejemplo, antes de iniciar la jornada trabajo.

7. Estructura salarial justa
   - Asegurar competitividad externa de los salarios frente al mercado.
   - Garantizar la equidad interna entre puestos equivalentes.
   - Diseñar estructuras salariales equilibradas: fijo, variable y beneficios.
   - Vincular parte del variable de los *manager*s a la gestión y valoración de sus equipos.
   - Comunicar con claridad cómo se gestionan revisiones y aumentos salariales.

---

49   H. Bresman and V. Rao «*Buiding leaders for the Next Decade: How to support the workplace goals of Gen X, Y and Z*». Universum eBook. «Un 85 % de Gen Z a nivel mundial reportó que su nivel de estrés les impedía asumir roles superiores de liderazgo». Propuestas: facilitar y gestionar progresivamente su nivel de autonomía en el trabajo, fortalecer su mentalidad de crecimiento (cultura de no penalizar el error), más y mejor acompañamiento tipo *mentoring* de tú a tú con compañeros más experimentados.

8. Flexibilidad y conciliación
   - Diseñar políticas claras, realistas y accesibles sobre flexibilidad laboral.
   - Auditar posiciones que pueden optar por modelos híbridos o remotos.
   - Adoptar horarios híbridos, opciones de trabajo en remoto y evitar cultura de disponibilidad permanente.

9. Emprendimiento interno
   - Facilitar recursos a empleados con iniciativas internas de innovación o mejora.
   - Apoyar la compra de acciones y emprendimientos externos con valor estratégico.
   - Incluir espacios para la cocreación intergeneracional como talleres, *labs* o *squads* donde miembros de diferentes generaciones diseñen productos, soluciones internas o mejoras de procesos juntos.

10. Compromiso social auténtico
    - Evitar el *greenwashing*: actuar con autenticidad radical.
    - Fomentar el voluntariado empresarial y la implicación de empleados.
    - Comunicar de forma transparente y transversal los proyectos sociales.

11. Clima laboral
    - Realizar encuestas de clima cada 2 años y activar planes de mejora participativos.
    - Comunicar resultados y avances para mantener la credibilidad del proceso.

12. Comunicación interna[50]
- Tener plataformas digitales (Teams/Slack) con noticias, *webinars*, vídeos interés, *exchange insights* gestionado de forma joven, fresca dinámica.
- Organizar encuentros tipo *all hands meetings* para comunicar visión, resultados y retos.
- Fomentar *skip level meetings*: conversaciones informales entre líderes y empleados.
- Utilizar herramientas internas de comunicación tipo redes sociales corporativas.

13. Diversidad e inclusión
- Asegurar que las políticas de D&I sean reales, visibles y basadas en casos concretos dentro de la empresa.

14. Departamento de Recursos Humanos
- Posicionar claramente el departamento en un puesto central de la estrategia de la empresa.
- Asegurar que el departamento cuenta con personas capacitadas para gestionar la nueva realidad.
- Garantizar que tiene los recursos adecuados:
  - Número de personas y capacitación.
  - Estructura del departamento: HRBPs, funcionales, etc.

---

50   Tener en cuenta la dificultad comunicativa de las Gen Y/Z. «Cuando se les preguntó en un día normal si se comunicaban más en persona o digitalmente, la Generación Z y los *millennials* respondieron que se comunicaban un 74 % digitalmente y un 26 % en persona. La comunicación cara a cara fomenta el desarrollo de la sincronía interpersonal y la compenetración, lo que conduce a un comportamiento más confiado y cooperativo. Al depender principalmente de los mensajes de texto para interactuar, la Generación Z ha perdido la oportunidad de aprender algunas reglas fundamentales de la conversación. Esto incluye cómo escuchar, hacer preguntas, intervenir de una manera que se considere respetuosa con los demás, establecer relaciones, resolver problemas en tiempo real y resolver conflictos.» R. Bradbury «The digital lives of Millenium and Gen Z» LivePerson, 2018.

- Espacios de confidencialidad para reuniones personales.

• Facilitar IA y *people analytics* para adaptar la experiencia de empleado personalizada y poder gestionar entornos cambiantes.

• Liderar un verdadero *onboarding* eficaz, moderno y profesional.[51]

- Tener un *checklist* con objetivos del *onboarding* calendarizados, responsables y recursos asociados, para el primer día, semana, mes y trimestre. Incluyendo información, materiales y experiencias que los ayuden a tener éxito en su nuevo puesto. Asegurarse de que su nuevo jefe guarda tiempo de calidad para gestionar su incorporación.

- Facilitar encuentros de calidad con líderes sénior, Recursos Humanos, personas claves y compañeros con los que tenga que interactuar. Usar nuevas tecnologías (como Slack, Youtube, Tick Tok, etc.) para facilitar la interrelación e información de la empresa, compañía o grupo.

- Reforzar mensajes sobre la cultura y el propósito de la empresa. Explicar el significado de su rol, historias de éxito. Ir contrastando si se confirman sus expectativas. Mientras más personalizada la gestión de *onboarding*, mejor.

- Utilizar el role del *buddy* como acompañante en el proceso.

---

51   H.J.Klein «*Are Organizations Onboard with Best Practices Onboarding?*». Oxford University Press, 2012.

TONI MASDEFIOL

«Predicar con el ejemplo».

Toni Masdefiol es un *late boomer*. A lo largo de más de 4 décadas de trayectoria profesional ha desempeñado cargos de responsabilidad como director financiero, adjunto a la Dirección General, director general y máximo accionista con un rol ejecutivo. «Estas responsabilidades las he desarrollado en empresas de todo tipo, grandes, medianas y muy grandes; empresas únicas y grupos de empresas, y en varios sectores: automoción, farmacia, equipos médicos, logística, editorial...». Su carrera se caracteriza por la constancia, el compromiso y una forma de liderazgo forjada en la experiencia y los valores humanos.

En sus inicios lo que más le costó fue «entender y saber conciliar las motivaciones y necesidades de cada persona con la que me relacionaba». Lo que más le sorprendió fueron dos cosas: «Ver que llegaba al mundo de la empresa muy bien preparado y, por tanto, que podía ofrecer valor diferencial desde el primer día respecto de lo que la empresa tenía hasta ese momento y cuán interesante podía ser trabajar en una empresa. Ver las mejoras que se podían hacer, que había mucho campo por recorrer y que este llevaba aparejadas experiencias muy enriquecedoras (viajes, contacto con otras culturas, aprendizaje de nuevas técnicas o formas de trabajar, aplicación de nuevas tecnologías, etc.)».

Respecto a los estilos de liderazgo recibidos, Toni nos hace una disección muy pedagógica:

«He vivido estilos de liderazgo bastante diferentes, tanto en jefes como colegas.

En jefes:

‣ El jefe amable pero inocuo (que no resuelve ni se implica en nada).

‣ El jefe volcado en ofrecer buena imagen a sus superiores y nada más.

‣ El jefe desconfiado y con criterio siempre cambiante (que impide que se tomen decisiones o que estas se reflejen en acciones concretas).

‣ El jefe positivo, optimista y resolutivo.

‣ El jefe capaz de motivar a su equipo y llevarlo a un gran rendimiento.

‣ El jefe volcado en una única área de la empresa y que dimite de todas las demás, cosa que da libertad de actuación pero con frecuencia limita la evolución de las otras áreas.

En colegas:

‣ El colega colaborador y que entiende que forma parte de un conjunto y hace todo lo posible por contribuir a él

‣ El colega manipulador que busca confundir y distorsionar la realidad para esconder sus ineficiencias.

‣ El colega discreto y muy efectivo.

‣ El colega que busca protagonismo, cosa que no siempre se corresponde con un buen desempeño.

‣ El colega refractario ante los cambios.

‣ El colega que asimila su área de responsabilidad con una zona de poder, de forma que impide el acceso a su área y hace muy difícil la colaboración con ella».

Respecto a lo que funcionó o no, Toni se nos muestra, a través de su larga experiencia, muy escéptico: «Por desgracia y por lo que yo he vivido, un estilo de liderazgo no es determinante de cara al resultado final. Influyen muchas más cosas. Y contra mis creencias, he visto que estilos de liderazgo absolutamente deleznables pueden generar resultados, o al menos hacerlo durante un tiempo relevante. Y, al contrario, los estilos que yo creo sanos y creadores de valor no siempre han acabado bien ni han aportado mejores resultados (al menos en apariencia) que estilos peores. Quizás las organizaciones estén más dispuestas a valorar los resultados en el corto plazo aunque estos sean ofrecidos por personas con estilos de liderazgo tóxicos en el largo».

Desde mi punto de vista, muchas veces esto ha ocurrido así. Mi reflexión está en el «debe» de las empresas: si su único objetivo es tener beneficios, allá ellas y sus formas, pero si quieren dejar un legado deberán mejorar sus estilos.

En cuanto a su estilo de liderazgo, Toni siempre ha intentado mantener una gestión equilibrada: firme en las decisiones, pero cercana en el trato. Y por otro lado es consciente de que una cosa es cómo nos vemos y otra cómo nos ven. De este modo, y con sabiduría, nos dice: «Estoy convencido de que una cosa es como yo creo que he gestionado a mi equipo y otra distinta cómo ellos se han sentido gestionados. De todas formas, sí puedo decir como yo he intentado actuar, dejando a un lado si lo he conseguido o no».

En este sentido, Toni ha intentado aplicar los siguientes principios:

‣ «Honestidad. Nunca miento a mi equipo. Si algo no se lo puedo contar, lo digo así, tal cual.

‣ Ejemplo. Nunca pido a mi equipo aquello que yo no hago o que no estoy dispuesto a hacer.

‣ Esfuerzo. Y predico con el ejemplo al respecto.

‣ Compromiso. No creo en el trabajar solo por dinero. Este es, evidentemente, importante. Pero más importante en mi caso siempre ha sido creer en el proyecto y poder comprometerme con él. Y creo mucho más valiosos los colaboradores que participan de esta visión que los que no lo hacen. Mi vida profesional me ha corroborado que estoy en lo cierto.

‣ Fomento de la iniciativa. Creo que es importante cuestionarse la situación y siempre buscar mejoras.

‣ Apertura en la comunicación. Espero de mi equipo que me diga las cosas tal y como las piensa. Aborrezco el peloteo y la política en la empresa».

Por lo que respecta a sus experiencias de trabajo con sus coetáneos *boomers* y con Gen X destaca «un nivel entre razonable y alto de compromiso con el proyecto, capacidad de esfuerzo, la valoración del trabajo como un elemento importante en la vida, un buen sentido de la responsabilidad o un deseo de estabilidad». Por otro lado también ha experimentado «un gran apetito por el estatus y el poder, y una cierta resistencia al cambio». Y respecto a lo que deberían mejorar, una vez más da en la clave: deberían tener «una mayor aceptación de nuevas ideas y formas de hacer. Y lo digo también por mí como *boomer* que soy. Y lo digo pensando en que la organización de la sociedad y sus instituciones (trabajo, familia, etc.) se está volviendo mucho más líquida. En concreto cada vez hay más maneras de trabajar o colaborar en un proyecto, tanto en un sentido legal como incluso físico y se va diluyendo la visión tradicional del trabajo como asistencia a un centro de trabajo (oficina, fábrica) para realizar un esfuerzo físico o mental durante un tiempo determinado».

En relación con los *millennials* y los *zoomers*, «la actitud hacia el trabajo es menos comprometida. El trabajo es un elemento más de su vida y no necesariamente el esencial. De ello se derivan otras cuestiones: menos deseo de estabilidad en el trabajo, menor aprecio de la continuidad en el trabajo y menor disposición a dedicarle esfuerzo. En sentido contrario me siguen pareciendo perfectamente capaces de asumir cualquier nivel de responsabilidad y desempeñarla de manera efectiva. A cambio los he visto con una mucho mejor disposición hacia la tecnología y la automatización de procesos. Creo que lo que funciona con ellos es darles un entorno flexible y, si es posible, interesante y retador. Creo que es importante que puedan sentir que su trabajo es capaz de adaptarse a la forma en que ellos quieren vivir y no al revés. Creo que valoran la honestidad y la claridad de comunicación. Pero que esto también funciona con las otras generaciones y no supone una diferencia. En sentido contrario creo que no funcionan los entornos muy pautados y llenos de normas ni las jerarquías muy rígidas (sobre todo en las formas)».

Una experiencia que me impactó

«Una vivencia que me impactó fue el contacto con una directora general, que fue mi jefa durante 5 años y en quien vi una enorme habilidad para motivar equipos y mantenerlos cohesionados, y todo ello en un entorno de exigencia muy alta y con objetivos impuestos por la casa matriz habitualmente contradictorios y complejos.

Me admiró ver cómo gestionaba a partir de valores y cómo la aplicación de estos conseguía sacar lo mejor de cada uno en una organización muy grande y compleja».

Construyendo puentes

Toni, desde su gran experiencia y conocimientos, nos brinda impagables consejos:

«En primer lugar, creo que la interrelación debe desarrollarse en un contexto que permita a cada una de estas generaciones trabajar de acuerdo con sus hábitos y preferencias. Me refiero, por poner un ejemplo, a que se dé la suficiente flexibilidad horaria y de presencia como para que pueda encajar tanto quien valora mucho la posibilidad de poder trabajar en remoto o en horarios flexibles (razonablemente) como quien no concibe hacerlos sin disponer de una base en la oficina. Y además que todo ello no sea percibido por las distintas generaciones como una fuente de privilegios o la ausencia de un mínimo control. Esta primera condición la veo complicada, pero creo que es importante.

Pero, una vez más, creo que la clave está en la gestión con valores. Si en el día a día de la empresa y todos sus procesos (por ejemplo, en los de selección de RR. HH. o los de promoción interna) se da importancia a valores como la honestidad y el compromiso, por ejemplo, la plantilla, con independencia de su edad y sus hábitos, enfocará su esfuerzo y sus actos en la consecución del objetivo común de la organización. Y será capaz de hablar y entender las diferencias en cuanto a preferencias o costumbres que las diferentes generaciones puedan tener.

Por otra parte no creo que las diferencias entre generaciones sean más importantes que las diferencias entre personas de una misma generación. Me refiero a que en una misma generación con frecuencia se pueden encontrar miembros de la organización en cualquier zona del abanico que va desde ejemplares/excelentes hasta absolutamente tóxicos, y ello también requiere gestión por parte de la organización, que ya era necesaria antes de que aparecieran unas diferencias entre generaciones tan marcadas».

Toni Masdefiol representa a una generación que ha sido columna vertebral de muchas empresas, que ha mantenido el compromiso, la exigencia y la responsabilidad como principios innegociables. Sin embargo también forma parte de una generación que ha sabido evolucionar, aprendiendo a delegar, escuchar y convivir con nuevas formas de trabajar. Cree que el futuro pertenece a las empresas que logren unir generaciones y combinar lo mejor de cada una: la experiencia de los mayores, la flexibilidad de los X, la creatividad de los *millennials* y la energía de los *zoomers*. «Si conseguimos mezclarlas bien, el resultado será imparable».

Si quieres saber más sobre Toni, puedes descargarte información adicional sobre él con ayuda de este código QR:

«Millennials» y «zoomers» ante su carrera profesional: adaptarse sin rendirse

Como vimos un poco más arriba, estamos ante un ejercicio de adaptación. Y también decíamos que los *millennials* y los *zoomers* no venían a adaptarse, sino a transformar cómo se concibe el trabajo. Permitidme la licencia donde adaptación sin sumisión es igual a transformación. Yo soy un convencido de que su forma de ver el mundo va a aportar muchas cosas positivas y que ayudarán a crear una sociedad mejor, pero sobre la base también de muchas otras cosas muy buenas y positivas que hemos ido creando las generaciones anteriores. Esa transformación también les va a requerir una dosis importante de adaptación. Ni están solos, ni lo quieren estar, ni lo pueden estar.

Hoy en día conviven las 4 generaciones en el trabajo. Según la encuesta de población activa del 2º trimestre del 2025[52] esta realidad se mantendrá durante los próximos años, si bien la presencia de *boomers* irá cayendo por el importante número de personas que van a pasar a la jubilación.

Hoy en día, los *boomers* y la Gen X todavía somos mayoría por poco (51 %), pero en solo 5 años los *millennials* y los *zoomers* pasarán a ser el 56 % de los ocupados (Ver gráfico 3).

Una de mis aspiraciones con esta obra es intentar construir puentes entre todos las grupos. Hay muchas cosas buenas y grandes experiencias que sería muy interesante e importante poder aportar y que no caigan en saco roto.

---

52 Instituto Nacional de Estadística. https://www.ine.es/dyngs/Prensa/EPA2T25.htm

Además, uno de los aspectos claves de esa transformación pasa por utilizar los conocimientos y las experiencias de los mayores a la hora de transformar las empresas en mejores lugares donde trabajar.

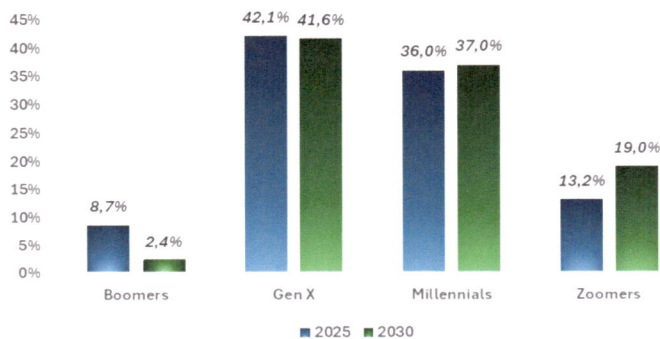

Gráfico 3. 4 generaciones en el trabajo.

Para ello, y con mi mayor dosis de humildad, quiero proponer una serie de recomendaciones o sugerencias que espero sean de utilidad, en este caso a *millennials,* y sobre todo, a *zoomers.*

1. Paciencia estratégica (sin claudicar en valores). Las empresas se están dando cuenta de la transformación que se está produciendo. Algunas la ignoran y otras empiezan a gestionarla. Pero no es sencillo y tampoco encuentran fácilmente quién las guíe (por eso también este libro). La evolución empresarial va a ir poco a poco, y en cualquier caso irá más lenta que los ideales de los Y y los Z. Entender esto y aprender a gestionar, negociar desde dentro, va a ser más efectivo que frustrarse desde fuera. Aceptar que los procesos requieren tiempo no significa renunciar a los valores. Si además la generación Z es la

generación que ha entrado al mercado de trabajo con menos experiencia que las anteriores,[53] razón de más para tener paciencia y aprender de los mayores. En este sentido los animo a buscar *mentoring* y ofrecer *reverse mentoring* en tecnología: IA, datos, etc. *Quid pro quo*, de tú a tú.

2. Traducir términos, comunicar bien y gestionar expectativas. Me refiero a reformular lo que quieren decir pero con lenguaje corporativo. Por ejemplo, cambiar «propósito» por «valor añadido», «inclusión» por «diversidad funcional», «dejar huella» por «legado», «competencias transversales» por «*soft skills*», «laboratorio de innovación» por «*hackathon*», «prevención de riesgos psicosociales» por «cuidar la salud mental», etc.

Por otro lado, respecto a comunicar adecuadamente, por ejemplo, ante mensajes complejos o situaciones conflictivas lo mejor es utilizar una comunicación presencial de persona a persona. El problema es que la Gen Z puede tender a utilizar medios tecnológicos para comunicarse, incluso cuando no es adecuado. También creo que sería útil que pensasen cuándo un lenguaje formal es más adecuado que la utilización de jerga (*slang* en inglés) y cuándo no usar *emojis*. La necesidad de mejorar nuestra capacidad de expresión no es un tema exclusivo de los *zoomers*: es una asignatura pendiente de todas las generaciones, algunas con más o menos ventaja respecto a otras. Pero es una evidencia[54] que «la mejora de nuestra capacidad de comunicarnos adecuadamente mejora nuestra autoestima, nuestra autonomía y, más importan-

---

53   Punto 1 del capítulo 4. Pág. 13.

54   D. Johnson «Learning Together and Alone: Cooperative, Competitive, and Individualistic Learning» (Boston, MA: Allyn & Bacon, 1999).

te para la Gen Z, su habilidad para enfrentarse al estrés reduciendo sus niveles de ansiedad, depresión y frustración». Es significativo el artículo de La Vanguardia del 1 de septiembre del 2025 titulado «Los jóvenes Z se alejan de los *millennials* y recuperan hábitos de sus abuelos»[55].

Ahora bien, con todo, respecto a expectativas, hay que entender que su «trifecta (dinero, propósito y bienestar) no la van a conseguir gratis, ni de hoy para mañana. Ser conscientes de que el YOLO, se puede traducir en un esfuerzo continuado de labrarse el futuro sin ser esclavos del presente. Pero si se quiere disfrutar de un mínimo de posibilidades se trata de construir hoy la vida que quieres vivir mañana. Desde cero no se consigue nada sin esfuerzo y no vas a tener apoyo indefinidamente. No se trata de llegar al nivel de los *boomers,* donde todo era sacrificio para el día de mañana (que estaba muy lejos) recoger la recompensa. Pero sin esfuerzo tu vida futura te parecerá mucho más miserable de lo que aparecía en tus sueños.

3. Desarrollar inteligencia organizacional. Se trata de observar cómo se toman las decisiones, quién tiene influencia, quiénes pueden decir no, pero quién es el que tiene el poder de dar el determinante sí; cómo se gestionan (o no) los conflictos. Se trata de ser serios, formales y profesionales. Por ejemplo, si eres un claro partidario del teletrabajo asegúrate de que, mientras lo ejerces, tu productividad y tu eficiencia crecen. Que tu rendimiento es ejemplar y que los demás se dan cuenta de ello. Entender quién está abierto a recibir *feedback* y quién no. Apreciar quién te puede ayudar y aconsejar en tu día a día en la empresa. Tejer alianzas con gente sana para el

---

55   https://www.lavanguardia.com/vivo/20250901/10975309/jovenes-z-alejan-milenials-recuperan-habitos-abuelos.html

crecimiento mutuo y compartir dudas y experiencias. Rehuir los círculos tóxicos de porgómanos[56] y pesimistas tóxicos crónicos, que lo único que van a hacer es desgastarte y consumirte.

Desarrollar, asimismo, *soft skills*. Tales como tendencia a la acción, trabajo en equipo, escucha activa, liderazgo, empatía…etc. Lo mismo que puedan exigir a sus jefes o superiores deberían de cultivarlo para comprenderlo mejor.

4. Autoconocimiento profundo. Entender qué los motiva realmente (el impacto, la autonomía, la estabilidad, la flexibilidad, etc.) puede ayudarlos a elegir caminos que se alineen con su esencia sin depender de modas laborales. De la misma forma que he recomendado la meditación a los líderes como forma de autoconocimiento, animo a *millennials* y *zoomers* a entrar con entusiasmo en esta ciencia que solo les puede reportar beneficios. Si además lo acompañan de altruismo, serán capaces de mejorar su empatía, su resiliencia, su templanza y su moderación y, por ende, su propia motivación.

5. Formación híbrida y constante. No basta con ser digitales. Deben complementar sus conocimientos con habilidades tradicionales y competencias blandas: el *soft power* será cada vez más valorado en posiciones clave. Conforme vayan creciendo y evolucionando les tocará dirigir a otras personas, seguramente a *zoomers* y a los hijos de los *millennials*, la Generación Alfa. Se esperará de estos líderes mucha más capacidad de comunicarse, desarrollar a sus colaboradores, gestionar el conflicto, capacidad estratégica, negociadora, etc. Para ello van a

---

56   **PO**rtadores **GO**zosos **MA**las **NO**ticias.

tener que formarse y desplegar estándares de actuación mucho más altos que generaciones anteriores. Además, la tecnología jugará a su favor a la hora de revolucionar y facilitar los medios y recursos formativos. Aquellos que sepan entender que la responsabilidad de su formación recaerá fundamentalmente en sí mismos y que, siendo consecuentes, dediquen esfuerzo, recursos y tiempo personal a mejorar y cultivarse, tendrán mucho ganado.

6. Redes de apoyo intergeneracional. Está de sobra demostrado que lo que mejor funciona para prosperar es la cooperación en lugar de la competencia.[57] Las Gen Y/Z que se identifican más con la autenticidad, la sinceridad, la transparencia y con valores más profundos y comunes deberían tener más integrada en su ADN la capacidad de colaborar. Su potencial para poder trabajar en equipo con personas de otras generaciones, hablando de tú a tú, tiene que servir para mejorar sus habilidades interpersonales. Mi propuesta es aliarse con mentores de otras generaciones que les trasladen buena «química» para abrirles puertas, suavizar diferencias y aportarles perspectiva e «inteligencia organizacional» así como «paciencia estratégica».

En paralelo, desarrollar contactos frescos y regulares con otros grupos sobre los temas que les preocupen. Por ejemplo, si no ven claro el sentido de su trabajo o el propósito de la empresa, preguntar. Dialogar con otras generaciones facilita más respeto que polarización. Demuestra interés y compromiso por aquello que les importa. Asegurarse de poder ayudar a quien lo necesite y esté

---

57   John von Neumann y Oskar Morgenstern («Theory of Games and Economic Behavior», 1944). Padres de la Teoría de los Juegos que dio como resultado el famoso experimento del «Dilema del Prisionero» popularizado en 1950 por Albert W. Tucker).

dispuesto a recibir un *reverse mentoring* de calidad. Trabajarlo bien, prepararlo bien, diseñarlo bien y gestionarlo como un ejercicio práctico de mejora de sus *soft skills*.

7. Elegir batallas y cultivar resiliencia. No todo se puede cambiar a la vez ni en el momento en que uno pretende. Saber cuándo insistir, cuándo retirarse y cuándo esperar el momento ideal es una habilidad invaluable. Es cierto que las injusticias duelen, pero también hay que saber gestionarlas. Afortunadamente, hoy en día la normativa y la sociedad avanzan para que las empresas y las personas estén mejor reguladas y los comportamientos sean más adecuados. Si en 1970 hubiéramos hablado de moobing no se le habría dado la relevancia que se le da hoy en día. Ahora tenemos más recursos y sistemas cada vez mejor implementados en las empresas para evitar tratos y situaciones arbitrarios. Es oportunidad y obligación nuestra reaccionar ante situaciones ilegales, tóxicas o contrarias a la ética. Hagámoslo.[58]

Es fundamental desarrollar la capacidad de ser flexibles (que no maleables) y resilientes (que no ser rígidos). Podríamos entender por flexibilidad en el trabajo la capacidad de las personas para adaptarse con agilidad a cambios en tareas, entornos o prioridades, manteniendo la eficacia y el compromiso. La flexibilidad no significa falta de estructura, sino disposición a ajustar procesos, horarios y enfoques para alcanzar objetivos comunes sin perder la cohesión del equipo. Y podríamos definir resiliencia como la habilidad o la capacidad de recuperarse y

---

58   Por ejemplo, a través de los «canales de denuncia internos» o «*whistleblowing*». «Ley reguladora de la protección de las personas que informen sobre infracciones normativas y de lucha contra la corrupción». BOE 21/2/2023.

aprender tras situaciones de presión, dificultad o fracaso, transformando la adversidad en impulso para la mejora. La resiliencia implica mantener la motivación, conservar el equilibrio emocional y extraer aprendizajes que fortalecen a las personas.

8. Consejos de un *boomer*. Uno no puede dejar de ser lo que es, pero sí que puede intentar dotarlo de la mejor intención. Perdonad si os canso, pero la única motivación que me llevado a escribir este libro es intentar dejar un legado que fuera útil para todos los que lo podáis leer. Con esto en mente, y con apuntes recogidos en múltiples libretas y anotaciones en el iPhone, no quiero dejar de sugerir:

   • Además de buscar un mentor, identificad un patrocinador. El primero aconseja en base a su experiencia, pero el segundo abre oportunidades y elimina barreras. Cuidad esa relación, sed discretos y aprended de ellos.

   • Con tanto *scrolling* se debilita la capacidad de concentración y focalización. Diseñad rituales de foco (poner las notificaciones en *off*, apartar el móvil, agendar momentos de concentración...). Aprended a decir «no» con elegancia y asertividad, brindando, si es el caso, alternativas.

   • Llegad a las reuniones puntuales y con los temas preparados, los conceptos claros y con datos contrastados.

   • ¡Ojo con la IA! Apuntad, estandarizad y ordenad vuestros *prompts*. Usad la IA para generar ideas, borradores, preguntas y respuestas, pero la firma del ejercicio es la tuya; por lo tanto tú eres el responsable de la calidad final.

- Reputación digital. ¿Qué dice de ti internet? Haz la prueba. Publica contenido con criterio y sin prisas. Establece límites éticos: el atajo que compromete la confianza sale carísimo.
- Salud como ventaja competitiva. Dormir bien (cantidad y calidad), la nutrición y el ejercicio deberían ser la trifecta de vuestra claridad mental. La salud física y mental es vuestra responsabilidad y no se delega.

ANA SAVIRON

....

«Como líder es fundamental crear un entorno seguro y libre en el que las personas se sientan cómodas y felices. Solo así podrán dar lo mejor de sí mismas y desplegar todo su potencial creativo. Sin ese tipo de ambiente, los resultados serán correctos, pero difícilmente brillantes; y en lugar de desarrollar futuros líderes, solo estarás gestionando buenos técnicos».

Ana Saviron pertenece a la generación de los *millennials* (1981-1996). Es una *early millennial*. Con casi 2 décadas de experiencia profesional, ha desarrollado su carrera en el ámbito del transporte y la exportación, liderando equipos multiculturales y multidisciplinares. A lo largo de su trayectoria ha pasado por distintos sectores y países, lo que le ha permitido adquirir una visión global del liderazgo y de la gestión de personas.

Comenzó su carrera profesional en el área de Recursos Humanos y la selección, para luego dar el salto al sector del transporte internacional, donde ha ocupado posiciones de responsabilidad creciente. Su recorrido incluye etapas en empresas americanas, francesas y españolas, donde ha aprendido a moverse en entornos con culturas organizativas muy diferentes. Actualmente lidera un equipo de 12 personas en el ámbito global del transporte y la exportación dentro de una gran compañía del sector *retail*.

Al recordar sus inicios, Ana reconoce que lo más difícil fue enfrentarse a la falta de planes de acogida y formación sólidos. «En mis primeras experiencias laborales, como becaria y después en puestos junior, me resultó difícil enfrentar la ausencia de un plan de formación estructurado. A veces asumíamos tareas y responsabilidades para las que no estábamos preparados, lo que derivaba en situaciones complejas y frustrantes». Considera que en aquella época no se valoraba la importancia de acompañar a los jóvenes en sus primeros pasos, y esa carencia marcó su mirada sobre el liderazgo: «Comprendí que el mentorizaje es una parte fundamental del liderazgo, especialmente en las etapas iniciales de una carrera profesional. Dedicarse con intención y compromiso a guiar a otros puede suponer una diferencia real en su desarrollo».

Su paso por una empresa americana en Inglaterra fue decisivo. Allí encontró un «modelo de liderazgo positivo, desarrollador e inspirador, basado en liderar con el ejemplo y enfocado en motivar y desarrollar a las personas. Era un liderazgo situacional, con un uso intensivo del coaching y objetivos muy claros, sin *micromanagement*. Se promovían la autonomía y la responsabilidad individual, pero también existía un sistema de mentoría muy estructurado, donde cada nuevo empleado tenía un mentor durante 6 meses. Todo estaba definido desde el primer día: qué debía aprender, cuándo y cómo». Ese entorno la hizo sentirse acompañada, comprendida y segura, y lo recuerda como el mejor estilo de liderazgo que ha vivido. «Es también el enfoque que he intentado replicar cuando he tenido la oportunidad de liderar equipos», afirma.

No todas las experiencias fueron tan positivas. En algunas experiencias, el estilo de liderazgo era más directivo y autoritario, con escaso foco en las personas, tanto en su desarrollo como bienestar. Existía una cultura de *micromanagement* y miedo, con responsables que no demostraban mucho interés por sus equipos, y sin una priorización del buen ambiente laboral. «A nivel personal, este estilo no me ha resultado estimulante, y cuando lo he vivido en varias organizaciones he constatado que, aunque en el corto plazo lograban sacar el máximo rendimiento de las personas –obteniendo buenos resultados empresariales–, la felicidad, la salud y la continuidad del talento en la organización se veían comprometidas. En muchos casos, los perfiles más valiosos acababan marchándose y raramente se desarrollaban futuros líderes».

En otra organización, de cultura más difusa, experimentó la libertad y el buen ambiente, pero con poca dirección y escaso *feedback*. «Me obligó a aprender de forma autónoma y ejercer liderazgo sobre mí misma».

De esa mezcla de experiencias nació su propio estilo de liderazgo: situacional, desarrollador, armonizador y orientado a guiar más que a imponer. «Intento adaptar mi liderazgo a la etapa de desarrollo de cada persona. Mi estilo natural es poco autoritario, más bien acompañador y enfocado en sacar lo mejor de cada uno». Ana es una firme defensora del *feedback* constructivo y de la atención constante al equipo: «El *feedback* negativo siempre en privado; el positivo, en público e inmediato». Además reserva momentos para observar y detectar oportunidades de aprendizaje en su equipo, reforzando logros y dando retroalimentación constante.

Otro rasgo que la define es su sensibilidad armonizadora. «Cada día dedico al menos 5 minutos a hablar con cada persona del equipo. Si detecto a alguien estresado busco un momento para sentarme con esa persona o simplemente pregunto cómo puedo ayudar». Esta atención cotidiana ha sido clave para construir cohesión.

De las generaciones anteriores –*boomers* y X– ha aprendido constancia (*going to the extramile*), resiliencia, responsabilidad y respeto por el trabajo. Predicar con el ejemplo. Las decisiones, negociaciones, creaciones se trabajan hablando entre varios o en grupo y no por *mail*, Teams o Whatsapp.

En momentos de choque generacional ha intentado fomentar la convivencia: «He procurado que las distintas generaciones compartan espacio y momentos, que se conozcan y admiren mutuamente». Considera que los mayores deberían adaptarse a nuevas formas de comunicación y entender que los jóvenes se expresan mejor en sus propios canales. «Si no lo hacemos nos podemos estar perdiendo mucho talento».

Con los *millennials* cree que funciona tener «objetivos muy claros. Flexibilidad en la forma en que consiguen los resultados, y a ser posible en horarios». Con los *zoomers* recomienda «darles libertad de expresar su diversidad, ser auténticos. Son cortoplacistas y necesitan estímulo continuo». En ambos casos advierte sobre 2 errores graves: el *micromanagement* y las expectativas falsas. No se les puede exigir innovación si no se les da libertad. Obligarlos a trabajar con las herramientas o canales de siempre solo genera frustración.

Una experiencia que me impactó

Una de sus experiencias más transformadoras llegó liderando un equipo multigeneracional de 12 personas. «Cuando llegué cada grupo comía por separado y casi no se hablaban. Yo misma sentía que nos costaba conectar por diferencias de lenguaje y valores». Para cambiarlo aplicó 2 medidas sencillas pero potentes: rotar los asientos cada 6 meses combinando generaciones, y fomentar momentos de convivencia grupal. «Con el tiempo conseguimos crear una cohesión muy fuerte; se percibían como un solo equipo».

En ese proceso también tuvo que enfrentarse a sus propias inseguridades. «Al trabajar con gente más joven y más preparada en herramientas tecnológicas, a veces me sentía insegura por no dominar tanto esos temas. Pero aprendí a abrazar esa diferencia y entender que ellos me aportaban su conocimiento digital, mientras yo les daba visión, resolución de problemas y experiencia sectorial. Al entenderlo dejé de compararme y comencé a disfrutar del intercambio».

Construyendo puentes

Ana considera que la clave está en generar empatía mutua entre generaciones. Que cada una conozca cómo trabaja la otra, cómo se comunica y qué puede aportarle. Cuando eso se logra se construyen relaciones complementarias y poderosas.

También defiende que los jóvenes deben sentirse reconocidos por su rapidez de aprendizaje y familiaridad con las herramientas digitales, mientras que los profesionales sénior deben sentirse valorados por su experiencia, conocimiento y capacidad de anticipar. Escuchando a Ana me queda claro que «el entendimiento no se impone, se construye. Lo ideal es «promover proyectos donde colaboren personas de distintas edades, obligándolas a aprovechar las fortalezas de cada uno y celebrar los resultados compartidos».

A tenor de lo anterior, Ana Saviron encarna a una líder que ha sabido evolucionar con cada etapa profesional y cada equipo. Cree en el poder de la confianza, del *feedback* y de la convivencia intergeneracional como pilares para construir entornos donde la gente quiera quedarse, crecer y brillar.

Si quieres saber más sobre Ana, puedes descargarte información adicional sobre ella con ayuda de este código QR:

Cómo «boomers» y «Gen X» pueden ser aliados del cambio

Seguramente aquellos lectores que estén entre los 45 y 60 años (Gen X) y los que estén por encima (*boomers*), es posible que tengan posiciones consolidadas. A estas alturas de la carrera profesional algunos nos podemos preguntar qué va a ser de tanto esfuerzo (más allá del binomio trabajo/sueldo), a dónde va a ir su experiencia, de qué va a servir su contribución. Creo que si nos preguntaran si nos gustaría dejar algún legado a las siguientes generaciones, una gran mayoría responderíamos que sí. Atesoramos un capital único: experiencia aplicada, criterio en la incertidumbre y memoria institucional. Convertir este capital en ese legado puede ser una de nuestras últimas aportaciones de más valor.

Conseguir objetivos y metas, después de mucho esfuerzo, nos llena de satisfacción. Pero esta satisfacción es pasajera y fungible en sí misma. Cuando llevamos ya muchos años de esfuerzo nos podemos replantear qué hay más allá del horizonte que nos pueda enorgullecer y enriquecer como profesionales y personas. A veces dar sin esperar nada a cambio nos puede dejar una profunda huella, algo que va más allá de la recompensa material inmediata. Algo que nos ennoblece y permanece en nuestro ser.

El altruismo es importante porque nos saca del eje del «yo» y nos coloca en el «nosotros», ampliando nuestro campo de visión y el sentido de propósito. Al ayudar reducimos la rumiación: la atención se desplaza de nuestros problemas hacia el valor que podemos aportar. Este giro emocional nos suele traer calma, gratitud y una autoestima más sólida, no por el halago externo, sino por coherencia entre lo que pensamos que es correcto y lo que hacemos. Esta generosidad crea un bucle virtuoso: damos, percibimos impacto, nos sentimos útiles y repetimos la conducta. Nos ayuda a fortalecer la empatía: al ver necesidades ajenas afinamos la sensibilidad para reconocer matices y contextos distintos del propio. A su vez, el altruismo construye confianza y reputación. Pero no nos confundamos: no se trata de sacrificio ciego; hemos de incluir límites para que dar no comprometa nuestra dignidad ni nuestra salud. Con esos límites lo podemos convertir en algo sostenible y libre, no un trueque encubierto. Y, al repetirlo, formamos «hábitos de carácter», tales como la amabilidad, la paciencia y la templanza. El resultado es una vida con mayor sentido, vínculos más profundos y una autoestima menos frágil, porque se apoya en lo que entregamos.

¿Y esto es así porque lo digo yo o hay alguna evidencia en este sentido? Está demostrado que con el ejercicio del altruismo se activa el circuito de recompensa en nuestro cerebro (estriado ventral), liberando dopamina: más motivación, bienestar y refuerzo de la conducta prosocial. Además aumenta la secreción de oxitocina y endorfinas, fortaleciendo el apego, la confianza y la analgesia natural; puede elevar también la serotonina (estado de ánimo), modula la amígdala y el eje del estrés (HPA), reduciendo la reactividad al estrés y los niveles de cortisol. Y con la práctica sostenida se observan mejoras funcionales en redes de atención y autoconciencia.[59]

Si somos capaces, como *boomers* o como hombres y mujeres X, de mirar más lejos y más profundo, estoy seguro de que podremos sentir que ayudar a estas jóvenes generaciones nos enriquece. No solo por hacer que nuestra relación profesional sea más fácil, sino por esa sensación de transmitir experiencia, conocimientos, en definitiva, legado.

---

59 Por todos, Dr. Mario Alonso Puig y Dra. Nazareth Castellanos.

Muchas de las recomendaciones que he realizado para las empresas podrían figurar aquí para los *boomers* y la Gen X, pero no se trata de repetirse ni de llenar páginas. Pero sí me gustaría aprovechar la oportunidad para ofrecer algunas propuestas a mis más cercanos compañeros de generación:

1. Mentoría y transferencia de experiencia. Ofrecerse para acompañar, formar, traducir conductas de superiores y explicar decisiones de empresa puede ser muy útil para estos nuevos grupos. Hacerlo con naturalidad, humildad y sin paternalismo ayudará a aumentar la confianza.

   Compartir «lecciones aprendidas» en tiempo de crisis y proyectos de largo plazo, poniendo en valor vuestro historial de éxitos y errores. Poner ejemplos del valor de los errores y su diferencia con los fracasos.

   Ante su posible falta de motivación a escalar a puestos directivos, traducirles las sensaciones que tuvisteis cuando pudisteis progresar y participar en hacer las cosas mejor. Que la posibilidad de tomar decisiones viene siempre acompañada de una mayor responsabilidad. Que es ley de vida. Que les pasará cuando sean padres y lo asumirán con naturalidad.

   Entender su concepto de contrato psicológico del trabajo y ayudarlos a interpretar el de la empresa. Alimentar su paciencia estratégica.

2. Desarrollo de *soft skills* organizacionales. Ayudar a interpretar la dinámica interna de la empresa y navegar jerarquías (saber con quién hablas, cuándo y de qué). Entrenar con casos reales y ayudarlos a consolidar habilidades clave en la empresa, como la resiliencia, la escucha activa, la tendencia a la acción, el trabajo en equipo...

   Darles modelos y ejemplos vivos de liderazgo, poniéndose a su nivel y hablando su idioma. Enseñarles las ventajas de la humildad y la autenticidad y de mostrarse vulnerable cuando las circunstancias lo aconsejen.

Estar atentos a su formación continua, sus elecciones y su aprovechamiento. A veces se pretende mucho y se abarca poco. Proponerles habilidades con retorno, como comunicación, gestión de conflictos, analítica básica o *storytelling* con datos.

3. Modelos híbridos de trabajo. Ofrecer ejemplos de adaptación al cambio[60]: cómo pasar de estructuras rígidas a esquemas más flexibles en su carrera.

   Facilitar espacios de trabajo conjunto presencial-remoto donde los jóvenes vean en la práctica las ventajas y los límites de cada modalidad. En este sentido, animarlos a balancear adecuadamente sus prerrogativas de trabajo flexible con la necesidad de establecer y construir buenas relaciones con sus compañeros y clientes internos de la empresa. El «plasma» es un filtro que no deja pasar bien las emociones y los sentimientos que mueven a las personas.

4. *Feedback* estructurado y acompañamiento. Facilitar (si realmente estás capacitado) *feedback* inmediato, continuo y de calidad. Si tienes un *feedback* de 360º ábrete y enséñaselo (autenticidad, transparencia), mostrándoles tus interpretaciones y planes de acción. Y si lo tienen ellos, céntrate en reconocer fortalezas, repasar oportunidades y construir planes de desarrollo personalizados.

   Organizar tertulias, *skip level meetings* regulares de 30 a 60' para intercambiar ideas y experiencias, reforzan-

---

60   Y explicarles que en todo proceso de cambio hay 4 fases diferenciadas: negación, discusión, exploración y aceptación.

do la autonomía de los *millennials* y Z y la importancia de la colaboración y del trabajo en equipo.

5. Patrocinio, además de mentoría. Identifica a una o dos personas con potencial (Ys o Z) y ayúdalas a abrir puertas; utiliza tu reputación para darles proyectos visibles. Busca eventos concretos (proyecto, reunión, comité, presentación, visita importante jerárquica, etc.) y evalúa resultados juntos.

Promueve, con su consenso, movimientos laterales temporales (proyectos, rotaciones, traslados internacionales…) para ampliar su base competencial sin forzar la escalada jerárquica.

Propónles un acuerdo equilibradi de *mentoring y reverse mentoring*. Busca espacio y tiempo de calidad para que funcione.

Ayudar a *millennials* y a *zoomers* no es caridad; es estrategia, identidad profesional y altruismo. Cuando los *boomers* y la Gen X transforman su experiencia en oportunidades para los más jóvenes (sin paternalismo, con rigor, generosidad y humildad) dejan un legado que permanece y al mismo tiempo renueva a la organización. Ese es el tipo de colaboración que convierte años de oficio en tracción de futuro.

MARÍA ZAPATERO

«Trata a los demás como te gustaría
ser tratado».

María Zapatero nació a finales del periodo de su generación, los *millennials* (1981-1996). Ha desarrollado su
carrera profesional en el ámbito jurídico y de Recursos
Humanos, con experiencia tanto en despachos como
en empresas del sector de la distribución alimentaria.
Su visión del liderazgo y de la gestión de personas se
nutre de su propio recorrido: una combinación de rigor técnico, sensibilidad humana y vocación por crear
entornos de trabajo donde las personas puedan crecer sin perder su autenticidad.

De sus comienzos recuerda la complejidad de gestionar ascendente donde tenía una superior que «daba
indicaciones pero estaba muy ausente; me decía que
podía ir siempre que necesitara a pedirle ayuda, pero
nunca estaba disponible. Aprendí a hacer las cosas a
pesar de equivocarme, buscarme mis recursos».

Por otro lado se repite, en mi opinión, el patrón de
colaboración entre compañeros cuando se nota la ausencia de un líder: «Me sorprendió positivamente el
apoyo que recibí de mis compañeras, que llevaban
muchos años trabajando cerca de mi jefa (no le repor-
taban a ella), que me daban consejos sobre cómo des-
envolverme allí».

Como en otros casos, durante su carrera ha con-
vivido con diferentes estilos de liderazgo. «El primer
liderazgo lo hizo una persona que tenía 50 años. Fue
un liderazgo impositivo, siempre dando indicaciones,
desde el miedo. No se tenían en cuenta mis opiniones,

no se valoraban, me tenía que limitar a cumplir órdenes. Los errores se penalizaban. Fue una experiencia muy mala, no funcionó porque no me permitió confiar en mí ni explotar mi potencial. El segundo sitio en el que trabajé tenía un liderazgo desde la igualdad. Aunque la persona también tenía 25 años más que yo, se trabajaba desde la escucha, se valoraban las opiniones y confiaba en mí». Actualmente María tiene un jefe Gen X con el que «trabaja 100 % en equipo, que me da mucha libertad para trabajar a mi manera y con reportes prácticamente diarios».

María me dice que «intenta» liderar «desde la proximidad, constante comunicación, haciendo cosas y tomando decisiones, pero preguntándole (a su compañera) cómo lo ve ella y valorando su opinión. Gracias a esto me he dado cuenta de que tiene más criterio de lo que parece *a priori* y su perspectiva de la empresa es muy potente».

De las generaciones anteriores, con los *boomers* manifiesta: «He aprendido a trabajar de una manera más jerárquica, manteniendo las distancias y sin poder cuestionar nada. A trabajar de una manera distante». Con los X: «He aprendido a trabajar más de la mano. Con constante comunicación y que tenían en cuenta, a veces, mis opiniones». En momentos de choque, con los *boomers*, no ha tenido buenas experiencias, ya que «me tenía que limitar a dar la razón al superior. La colaboración era prácticamente inexistente; no se tenía en cuenta mi papel». Con los Gen X ha tenido una experiencia similar de «aguantar el chaparrón» y otra muy distinta de escucha activa y colaboración. A ambos grupos María nos recomienda mayor humildad y empatía, recordar que hace tiempo empezamos y desconocíamos el funcionamiento de las cosas.

Hay que confiar más en las nuevas generaciones, ya que pueden aportar ideas frescas y totalmente válidas. María piensa que los jóvenes, respecto a los *boomers* y la Gen X, «no creen que entiendan al 100 % las prioridades de los jóvenes de hoy en día, pues ellos no han tenido que afrontar la precariedad, la dificultad de la vivienda, que tenemos hoy en día».

Con los *millennials*, su propia generación, se identifica plenamente. Con ellos y los *zoomers* funciona «la comunicación constante, el trabajo en equipo, las jerarquías poco marcadas». Recomienda «escuchar sus propuestas, dejarles proponer proyectos. Son generaciones que quieren innovar, no se limitan a ejecutar y cumplir órdenes». Y rechaza directamente con ellos «la falta de flexibilidad (dificultar la conciliación familiar) y trabajar desde el miedo y la imposición».

Construyendo puentes

María señala que con los *boomers* hay que armarse de paciencia para moverlos de su forma de trabajar. «Ahora bien, son conscientes de que el mundo tecnológico está avanzando a gran velocidad y que es útil y necesario. Creo que esta generación puede verse respaldada por los *millennials* y los *zoomers* en este aspecto». Con la Gen X se muestra relativamente más esperanzada, ya que «están más conectados con las nuevas tecnologías, pero aún les puede costar confiar en las nuevas generaciones. Creo que es una generación que puede entender los beneficios del trabajo en equipo y de organizarse de una manera menos jerárquica. Tienen los conocimientos y el *savoir faire* de la generación anterior, pero están dispuestos a escuchar a las nuevas generaciones para entender cómo organizarse y encajar en el nuevo mundo». Pero también hace un ejercicio de humildad e introspección en relación a los *millennials* y los *centennials*: «Son generaciones que tienen que seguir escuchando a los veteranos. A menudo nos creemos que sabemos de todo y que no hay nada que aprender de ellos. Si bien somos más potentes en conocimiento tecnológico, tenemos que entender que todo requiere de un gran esfuerzo –a veces se largas jornadas de trabajo, dedicar tiempo libre a trabajar–. Esto solamente nos lo podrán aportar los más veteranos». Y remata: «Creo que es interesante hacer grupos en las empresas en los que todas las generaciones trabajen entrelazadas y puedan aprender las unas de las otras».

María Zapatero es una persona encantadora, representa el espíritu de una generación que ha aprendido a integrar la profesionalidad con la humanidad, convencida de que la empatía no está reñida con la exigencia y que el liderazgo conjuga tiempos pasados y energías modernas.

Si quieres saber más sobre María, puedes descargarte información adicional sobre ella con ayuda de este código QR:

Cómo pueden aportar los «millennials» y la «Gen Z» a los «boomers» y la «Gen X»

Me acuerdo cuando a finales de los 80 se empezaba a escuchar el término VUCA y pensábamos que era un excelente acrónimo para describir una realidad difícil de enmarcar[61]. Es cierto, en nuestro mundo se aceleraron muchos cambios y sucedieron cosas que eran difíciles de imaginar: la caída del Muro de Berlín y el final de la Guerra Fría; el fin de regímenes comunistas en Polonia (*Solidarnosk*), Hungría, Checoslovaquia, RDA y Rumanía; conflictos (que todavía perduran) en Oriente Medio; el fin del *apartheid* en Sudáfrica y liberación de Nelson Mandela; la aparición de los primeros Pcs y teléfonos móviles; el Sida (VIH); la catástrofe nuclear de Chernóbil, etc.

Como solución a aquel VUCA se proponía uno nuevo con *Vision* frente a la volatilidad, *Understanding* (comprensión) contra la incertidumbre, *Clarity* contra la complejidad y *Agility* contra la ambigüedad[62]. Muy útil para pasar del diagnóstico a la acción. Hoy en la Oxford University Executive Education hablan de TUNA para definir el mundo como turbulento, incierto, nuevo y ambiguo.

Los *late boomers* y la Gen X abrigamos la convicción de que tuvimos una gran capacidad de adaptarnos al cambio, y

---

61   Las iniciales significaban (por sus términos en inglés): volatilidad, incertidumbre, complejidad y ambigüedad. Nació en el U.S. Army War College (finales de 80) para describir el entorno geopolítico tras la Guerra Fría, y luego se popularizó en el mundo del *management* para hablar de mercados y organizaciones difíciles de predecir o modelizar.

62   «*Developing Leaders in a VUCA Environment*». Kirk Lawrence Program Director UNC Executive Development.

en mi opinión es cierto. Podríamos decir que desde aquellos 80-90 las cosas han cambiado mucho. Sigue siendo válida la frase de que lo «único constante es el cambio»[63], pero más rápido e imprevisto.

A pesar de todo ello se suele decir que las personas con la edad nos hacemos más conservadores y tendemos menos a abrazar el cambio. No estoy de acuerdo del todo. Hoy, los que estamos sobre los 60 estamos cerca de aparentar los 40 o los 50 de hace unas décadas. Hacemos más deporte, nos cuidamos más, colaboramos más con causas con propósito y disfrutamos más de la vida. Pero sigue siendo verdad que nuestra mente, nuestro cerebro, tiene una tendencia a rechazar el cambio como solución evolutiva.[64] Cuando el cerebro trabaja con circunstancias y contexto conocidos «gasta» poca energía (glucosa) y va en piloto automático. Cuando se enfrenta al cambio tiene que tirar de esa energía que prefiere almacenar para momentos de mayor necesidad.

Pero ese cambio, si lo hacemos en un entorno de juego, colaboración, *quid pro quo*, y nuestro cerebro no lo asimila a una amenaza sino a una cosa agradable, será mucho más fácil de transitar por él. Por eso mi propuesta es de una profunda colaboración entre generaciones. Dar lo mejor de nosotros mismos para recibir lo mejor de los otros y juntos conseguir un resultado mucho mejor. Colaborar, ¡qué hermosa palabra! De esta forma creo que los jóvenes de nuestras empresas también pueden echarnos una mano en este mundo tan (tecnológicamente, sobre todo) cambiante. Me animo a hacer algunas propuestas:

---

63   Ojo, esta frase se le atribuye a Heráclito de Éfeso.

64   Se le adjudica la frase «el cerebro está diseñado para la supervivencia, no para la felicidad» al neuropsicólogo Rick Hanson.

1. Alfabetización digital avanzada. Mostrar y formar en herramientas de automatización, *data analytics* y generación de contenidos (por ejemplo, IA conversacional) que optimicen procesos tradicionales.

   Impartir micro-talleres *hands on* (60-90') para implementar rápidamente nuevas aplicaciones y flujos de trabajo. Calendarizar «clínicas quincenales» de resolución de dudas.

   Ayudar a los sénior a configurar ecosistemas mínimos viables, como notificaciones, agendas compartidas, plantillas reuniones, IA para resúmenes, etc.

2. Cultura de la innovación y experimentación. Proponer *hackathons* internos o «*sprints* cortos para que los equipos sénior vean el valor del prototipado rápido y el «fracaso seguro». Documentar casos de éxito de adopción ágil en *startups* y trasladarlos a proyectos piloto dentro de la organización. Proponer su rol como mentores y facilitadores de estos «laboratorios de innovación».

3. Retroalimentación continua y en tiempo real[65]. Aprovechar canales informales (redes internas, WhatsApp, *chat* corporativo,etc.) internos si son privados y confidenciales para dar *feedback* inmediato, evitando la acumulación de incidencias.[66]

   Fomentar *standups* semanales breves (de 15-30') donde se compartan avances y obstáculos, reduciendo el gap generacional en comunicación. Buscar espacios seguros pero informalos para estas «conversaciones».

---

65   Aseguraros de la capacidad de vuestros «mayores» para encajar y ofrecer *feedback* de calidad. Muchas veces estuvieron sometidos al mal uso de una muy buena herramienta que se toxificó: la evaluación del desempeño.

66   Tener en cuenta que la tendencia de *boomers* y Gen X es a utilizar, casi monolíticamente, el *mail* corporativo como medio de comunicación.

4. Impulso a la cultura del propósito. Involucrar a equipos sénior en iniciativas de RSC o proyectos con impacto social, diseñados y dinamizados por los jóvenes. Pero, ojo, que tengan aplicación práctica y no supongan «un brindis al sol». Vincular con métricas de negocio (coste, riesgo, ingreso, *compliance*, etc.)

    Mostrar métricas de *engagement* interno y externo ligadas a acciones con propósito, reforzando el que los resultados financieros no están reñidos con el compromiso social. Más aún, demostrar que no todo vale y que cómo se consiguen las cosas puede ser tan importante como el propio objetivo. Cerrar cada proyecto con «lecciones aprendidas y la pregunta «¿qué cambiaremos mañana?».

5. Mentoría inversa de estilos de liderazgo. Enseñar a los *boomers* y a la Gen X a integrarse en un estilo liderazgo empático, humilde y auténtico, promoviendo espacios de seguridad psicológica y apertura a la vulnerabilidad. No pasa nada por decir «no lo sé» o «me he sentido mal».

    Comentar cambios en la calidad percibida del liderazgo e impactos en clima, rotación no deseada y motivación.

6. Pequeñas victorias visibles. Marcar espacios en el calendario de revisión y actualización y no dejar que los proyectos se mueran de inanición. Mantener el binomio de trabajo de «aporto y aprendo» y rechazar el «enseño y corrijo».

Millennials y *zoomers* no vienen a «modernizar» a nadie; más bien quieren sumar capacidades y tener la sensación real de contribuir a un bien común. Cuando los *boomers* y la Gen X ponen su criterio y experiencia al servicio de esta colaboración (y los jóvenes ponen método, tecnología y traducción), la empresa gana velocidad en control y cada generación encuentra su mejor versión en un terreno común. Automáticamente la motivación, la satisfacción y el buen clima aumentan. Y los resultados también. Esta es la foto del legado compartido.

PABLO CARRASCO

«Creo en liderar desde la confianza, aprendiendo a adaptarme tanto como espero que lo haga mi equipo».

Pablo Carrasco pertenece a la generación *millennial* (1981-1996) pero está en la frontera con los *zoomers*. Acabó la carrera de Psicología y se especializó en Recursos Humanos. Ha desempeñado roles de selección, *assesment*, PMO, *change management* en proyectos de implantación de Oracle y Workday. Hoy está especializado en implantar la aplicación Workday para medianas y grandes empresas, y concretamente los módulos de Compensación y Compensación Avanzada.

En sus inicios, Pablo nos comenta que «lo más difícil fue adaptarme al ritmo y la complejidad de los procesos internos, especialmente en entornos grandes donde todo pasa por distintos niveles de validación. Aprendí a tener paciencia, priorizar bien y comunicarme de forma más estructurada para que las cosas avanzaran sin fricciones. Lo que más me sorprendió positivamente fue la colaboración entre equipos y la disposición de la gente a ayudar, incluso en momentos de mucha carga de trabajo. Descubrí que cuando hay buena comunicación y actitud, los resultados llegan mucho más rápido».

A lo largo de su carrera, Pablo ha tenido referentes muy distintos. De los mejores aprendió la importancia de la coherencia. «Los que mejor han funcionado son los basados en la confianza, la comunicación y la claridad de objetivos. Cuando he tenido líderes que escuchaban, daban autonomía y explicaban el «por qué» de las decisiones, el equipo se sentía más implicado y los resultados eran mucho mejores. Ese es precisamente el estilo que intento aplicar yo».

Como tantos coetáneos tiene clarísimo lo que no funciona: «Los estilos demasiado jerárquicos o autoritarios, donde no se fomenta la participación o se toman decisiones sin contexto. En esos entornos la gente se desmotiva, surgen errores por falta de comunicación y cuesta mantener el compromiso a largo plazo. Creo que el equilibrio ideal está en combinar dirección clara y acompañamiento, confiando en las personas pero marcando bien los límites y las responsabilidades».

Sobre su estilo de liderazgo ejercido, Pablo nos dice: «Definiría mi estilo de liderazgo de colaborativo, cercano y orientado a resultados. Me gusta estar disponible para mi equipo, escuchar y ayudarles a desbloquear problemas, pero también marcar objetivos claros y exigir responsabilidad sobre lo que cada uno asume. Intento que todos entiendan el propósito de lo que hacemos y cómo su trabajo impacta en el resultado global. Suelo ejercerlo dando autonomía y confianza, pero manteniendo una buena comunicación y seguimiento. Por ejemplo, cuando lideré un equipo amplio distribuido por toda España, organicé la gestión por proyectos y establecí rutinas semanales para revisar avances y resolver incidencias».

Y en cuanto al liderazgo en remoto, toca la clave, a mi modo de ver : «Estoy acostumbrado a coordinar equipos a distancia. Me apoyo mucho en una comunicación clara, reuniones breves y frecuentes, y documentación compartida. También intento cuidar la parte humana: mantener el contacto personal, reconocer los logros y fomentar un ambiente de confianza, incluso cuando no estamos en la misma oficina».

Con relación a la convivencia con otras generaciones, Pablo reflexiona: «De la Generación X, he aprendido sobre todo la practicidad, la constancia y la capacidad de adaptación. Suelen tener una visión muy realista del trabajo y una gran habilidad para encontrar soluciones funcionales sin complicarse. De los *boomers* valoro la disciplina, el compromiso y el sentido de responsabilidad; son personas que se toman muy en serio la calidad del trabajo y el cumplimiento de los objetivos». Su receta para gestionar momentos de choque con ambas grupos pasa por «aportar comunicación y empatía. Intento traducir perspectivas: mostrar a los perfiles más veteranos cómo pueden beneficiarse de las nuevas formas de trabajo y, a los más jóvenes, la importancia de la experiencia y el método. En los momentos de colaboración creo que aporto flexibilidad y capacidad de conexión, facilitando el que las diferentes formas de trabajar se complementen en lugar de chocar».

Pablo propone a la Gen X abrirse más a nuevas herramientas y metodologías, y a los *boomers* que deleguen y confíen en gestionar mediante procesos más ágiles. Lo que no recomienda «es imponer cambios de forma brusca ni cuestionar su experiencia. Es mejor involucrarlos en el proceso, escuchar su punto de vista y mostrarles con hechos el valor de lo nuevo. Cuando se sienten parte del cambio no lo frenan, lo impulsan».

Con los *millennials* «funcionan muy bien la confianza, la autonomía y la comunicación transparente. Son personas que valoran conocer el propósito de lo que hacen y poder aportar ideas. Cuando se sienten escuchados y parte de las decisiones se implican mucho. También responden muy bien a los entornos flexibles y los planes de desarrollo profesional claros. Con ellos recomiendo establecer objetivos concretos, dar *feedback* frecuente y mantener una relación cercana, más colaborativa que jerárquica».

Con los *zoomers* «funciona mejor un enfoque ágil, dinámico y visual. Valoran la inmediatez, la tecnología y la posibilidad de aprender haciendo. Es clave mantenerles motivados con retos cortos y medibles, y darles espacio para experimentar y proponer nuevas formas de trabajar. Con ellos recomiendo reconocer los logros públicamente, usar herramientas digitales de comunicación y fomentar la creatividad dentro de un marco claro». En ambos grupos descarta estilos rígidos y autoritarios. No escucharlos o micro controlarlos llama al fracaso. Una vez más la clave está en la involucración, «confiar en ellos y darles visibilidad real en los resultados».

Cuando comentamos cómo gestionar el liderazgo en remoto, pese a su juventud, Pablo demuestra tener las cosas muy claras, posiblemente mucho más claras que otros líderes a los que les convendría tomar nota de sus propuestas: «Creo que el liderazgo en remoto hoy en día requiere de un enfoque muy consciente en la comunicación, la confianza y la claridad. No se trata solo de coordinar tareas, sino de mantener la conexión humana y la motivación cuando no compartimos el mismo espacio físico. En mi experiencia, lo más importante es comunicar más y mejor: establecer rutinas claras (reuniones breves, revisiones semanales, *feedback* continuo) y usar distintos canales para que todos estén informados sin sentirse saturados. La comunicación escrita se vuelve clave, por lo que la documentación y la transparencia son esenciales para evitar malentendidos. Otro punto crítico es construir confianza: no se puede liderar en remoto si hay micro gestión. Hay que dar autonomía, medir por resultados y estar disponible para acompañar, no para controlar. Esto refuerza la responsabilidad individual y el compromiso colectivo. También es importante cuidar la cohesión del equipo. Las pequeñas interacciones informales que se pierden en el día a día presencial deben compensarse con espacios virtuales donde se mantenga el vínculo humano: reuniones más distendidas, celebraciones de logros o simplemente abrir un espacio para conversar más allá del trabajo».

Construyendo puentes

«Creo firmemente que las diferentes generaciones pueden complementarse de forma muy potente si se fomentan la comunicación y el respeto mutuo. En mi experiencia, la clave está en entender que cada generación aporta un tipo de valor distinto, y que el objetivo no es uniformar, sino combinar fortalezas.

Por ejemplo, los *boomers* y la Generación X suelen aportar visión estratégica, experiencia, rigor y compromiso, cualidades fundamentales para dar estabilidad y continuidad. Los *millennial*s, en cambio, traen una mentalidad más colaborativa, flexible y enfocada en la eficiencia, mientras que los *zoomers* aportan creatividad, frescura, visión tecnológica y rapidez para adaptarse a los cambios.

Cuando se consigue un entorno donde estas diferencias se aprovechan en lugar de generar fricción, el resultado es muy enriquecedor. En mis equipos he visto que funciona muy bien crear espacios de intercambio natural, donde los perfiles más sénior comparten conocimiento técnico o histórico del negocio, y los más jóvenes aportan nuevas herramientas, ideas o automatizaciones que simplifican procesos.

En una ocasión, por ejemplo, un técnico veterano con mucha experiencia en redes formó tándem con un perfil joven más orientado a *cloud* y automatización; juntos modernizaron una infraestructura sin perder la fiabilidad que daba la experiencia previa. Ese tipo de colaboración intergeneracional eleva el nivel de todos».

Pablo Carrasco simboliza una generación que ha crecido entre dos mundos: el analógico y el digital. Una generación que ha aprendido a adaptarse, cuestionar lo establecido y buscar un propósito más allá del salario. Defiende un modelo de convivencia intergeneracional donde el respeto y la curiosidad sean la base. Cada generación tiene algo que enseñar y algo que aprender. Lo importante es mantener la mente abierta. Pablo encarna el espíritu del liderazgo *millennial*: comprometido, empático y adaptable. Un liderazgo que no teme al cambio, sino que lo convierte en oportunidad.

Si quieres saber más sobre Pablo, puedes descargarte información adicional sobre él con ayuda de este código QR:

El gen revolucionario de la «Gen Z»

Mientras estaba en el proceso de acabar de escribir y corregir este libro se han ido sucediendo acontecimientos en diferentes partes del planeta que tenían como protagonistas a colectivos de la Generación Z y como detonante diferentes situaciones entendidas como de injusticia. Como reconoce el informe «*A Gen Z report*», «la Generación Z está volcando su idealismo e ingenio en la lucha contra el cambio climático, la desigualdad de ingresos y otros problemas. Si bien participan desproporcionadamente en protestas públicas, también valoran publicar en redes sociales o hablar con sus amigos debido al impacto colectivo de estas pequeñas acciones. Sin embargo son conscientes de que no pueden generar cambios solos. Su confianza en el Gobierno y los medios de comunicación puede estar disminuyendo, pero creen que las grandes instituciones tienen la responsabilidad de actuar. Creen que las empresas deben mejorar su desempeño y que cualquier empresa que lo haga tendrá una clara ventaja».

En efecto, durante esas semanas estalló en Nepal[67] el levantamiento de la Gen Z. El detonante fue la muerte de Usha Magar Sunuwar, de 11 años, en un atropello relacionado con un alto cargo del Gobierno, percibido como ejemplo extremo de impunidad de las élites. La indignación se amplificó cuando el Gobierno intentó bloquear las redes sociales. Jóvenes y estudiantes migraron a servidores Discord y otras plataformas, llegando a más de 150.000 miembros y usándolas para coordinar protestas y hacer votaciones internas sobre demandas y liderazgo. Protestaron con manifestacio-

---

67 https://www.wired.com/story/nepal-discord-gen-z-protests-vo-te-prime-minister-election

nes masivas con decenas de miles de personas en Katmandú y otras ciudades, bloqueos de carreteras y asaltos a edificios oficiales. Según estimaciones de diversas fuentes murieron entre 50 y 70 personas y hubo más de 1.000 heridos, además de miles de detenciones según diversas ONGs pero que coinciden en la elevada violencia de la represión. Las consecuencias políticas fueron enormes: el primer ministro K.P. Sharma dimitió y el ejército se sitúo al lado de los manifestantes, provocando la formación de un Gobierno interino. Los propios activistas propusieron a través de votaciones *online* a la ex presidenta del Tribunal Supremo Sushi-la Karki como primera ministra interina. Se disolvió la Cámara de Representantes y se convocaron elecciones.

La sensación de injusticia, corrupción, frustración, unida a la necesidad y voluntad de cambiar las cosas movilizó a los más jóvenes. Y lo consiguieron.

Pero es que el tema no se inició ahí. En el año 2022, en Sri Lanka[68], la crisis económica extrema (híper inflación, falta de combustible, alimentos y medicinas) atribuida a años de mala gestión provocó protestas espontáneas en abril de ese año y en el campamento de Galle Face Green, con un fuerte peso de estudiantes y jóvenes. Al final, con decenas de miles de estudiantes en diferentes ciudades, se convirtió en el mayor movimiento de protesta desde la independencia del país. Supuso la dimisión del primer ministro Mahinda Rajapaksa y la huida del presidente Gotabaya Rajapaksa en julio.

Dos años más tarde, y no muy lejos de allí, en Bangladesh[69], en julio, hubo protestas estudiantiles contra el sistema de cuotas en el acceso a la función pública, percibido

---

68   https://www.cfr.org/article/how-global-gen-z-protests-have-shocked-and-transformed-governments

69   https://digitallyright.org/wp-content/uploads/2025/07/The-Longest-Silence-Internet-Shutdown-Timeline.pdf

como favorecedor de los «hijos del régimen». La respuesta, muy violenta, de la Policía y la acumulación de agravios (autoritarismo, corrupción, crisis económica, etc.) transformaron el movimiento en una revuelta general contra el Gobierno de Sheikh Hasina. Cientos de miles de personas participaron en la manifestación en Dhaka del 5 de agosto. Hubo entre 300 a 400 muertos y más de 10.000 heridos. De nuevo, otro primer ministro, en este caso la señora Sheikh Hasina, tuvo que dimitir y abandonar el país.

En Filipinas[70], en el 2025, se destapó un enorme escándalo de corrupción en proyectos de control de inundaciones, con miles de millones de pesos desviados mientras el país sufría inundaciones graves. La indignación, alimentada por la exhibición de los lujos de las élites y sus *nepo babies,* llevó a manifestaciones masivas coordinadas por jóvenes a través de las redes. Dimitieron el presidente del Senado, de la Cámara de Representantes (primo de Marcos Jr.) y varios altos cargos de Obras Públicas. Se congelaron más de un centenar de cuentas bancarias vinculadas a contratos irregulares y se creó una Comisión Independiente para Infraestructuras.

En Marruecos[71], más cerca nuestro, la muerte de 8 mujeres en el hospital Hassan II de Agadir en apenas 10 días, símbolo del colapso del sistema público, y la breve excarcelación del líder del Hirak del Rif, Nasser Zefzafi, desencadenaron una multitud de protestas exigiendo su liberación definitiva. No hay recuento fiable, pero miles de manifestantes salieron a la calle durante varias noches en Rabat, Casablanca, Marrakech y otras ciudades. La represión causó al menos 3 muertos y más de 2.400 personas encausadas. No

---

70 https://time.com/7319164/philippines-flood-control-projects-corruption

71 https://arabcenterdc.org/resource/morocco-at-breaking-point-drought-misrule-and-the-rise-of-gen-z

ha habido cambio de régimen, pero en su discurso el rey Mohamed VI prometió acelerar reformas sobre empleo juvenil y la mejora de los servicios públicos.

Y, para acabar, quizás la más cercana en el tiempo, en Indonesia, jóvenes salieron a la calle en protesta contra privilegios percibidos como corruptos de diputados y contra leyes vistas como favorables para las élites, en un contexto de desigualdad y paro juvenil. Decenas de miles de estudiantes se manifestaron en Yakarta y otras ciudades. Provocó una reorganización del Gobierno y una revisión de varias leyes y políticas controvertidas.

Si analizamos todas estos hechos podemos llegar a algunas conclusiones respecto a estas revoluciones de la Gen Z:

1. Tolerancia cero a la corrupción y la «picaresca estructural»
   - El detonante central es siempre el mismo: desigualdad más sensación de impunidad de las élites (nepotismo, «hijos del régimen», contratos amañados, lujos obscenos mientras la población sufre).
   - La Gen Z reacciona muy rápido cuando siente que «el sistema está trucado», no solo cuando le afecta directamente, sino cuando percibe injusticia flagrante (caso de la niña en Nepal, mujeres muertas en Marruecos, inundaciones en Filipinas).

   Llevado a la lógica de la empresa significará cero paciencia con favoritismos internos: enchufes, promociones opacas, bonus a directivos mientras se precariza abajo... Si una empresa presume de valores pero internamente hay prácticas «cutres» (trampas con horarios, becarios eternos, facturas creativas...), la Gen Z no lo normalizará: se irá, lo contará o ambas cosas a la vez.

Por lo tanto harán falta: Políticas claras de conflicto de interés, procesos de promoción y revisión salarial transparentes y canales de denuncia internos creíbles (y protegidos) que de verdad se usen. Una respuesta tipo «la empresa es mía y hago lo que quiero» servirá para acelerar y agudizar el problema.

2. Capacidad brutal de coordinación digital y relato compartido
   • Discord en Marruecos y Nepal, Twitter/IG/TikTok en Sri Lanka, Bangladesh, Filipinas... La Gen Z no espera a que haya un sindicato o un partido que convoque: construyen servidores, *hashtags* y narrativas propias.
   • El «poder de convocatoria» nace de:
     - El uso de un lenguaje sencillo, emocional y visual.
     - Historias concretas (una muerte, un escándalo) que simbolizan un sistema injusto.
     - Votaciones y decisiones colectivas *online*.

Dentro de una compañía, esta lógica se traduce en Grupos de WhatsApp/Discord/Teams donde se comparte la «verdad» del clima interno, más allá de la comunicación oficial y en la capacidad para movilizarse rápido: firmar manifiestos internos, coordinar salidas masivas, boicotear campañas corporativas si huelen a postureo.

Mi consejo sería escuchar los canales informales de comunicación y reaccionar rápido e implicar a los jóvenes en el diseño de políticas internas, y no solo «informarlos» después. Y también utilizar formatos de comunicación cercanos a ellos.

3. El liderazgo se otorga desde abajo; legitimidad por coherencia (no por cargo)
   - Muchos movimientos Gen Z son «líder-mínimos»: hay caras visibles, pero el poder real está distribuido (servidores con miles de miembros, votaciones, portavoces rotatorios).
   - La legitimidad no viene del título, sino de la coherencia: gente que vive lo que predica, que no roba, que no se vende.

   Esto significa que los jefes «de despacho» que no pisan el día a día, o los directivos que hablan de ética mientras hacen lo contrario, pierden rápidamente autoridad ante la Gen Z. Estos, como ya hemos visto, prefieren líderes accesibles y transparentes, que expliquen decisiones difíciles dando la cara y sean sensibles, admitan los errores y corrijan el rumbo. Para ello, las empresas deberán formar mandos y directivos en liderazgo emocional, empático y humanista, establecer espacios de comunicación bidireccional y evaluar periódicamente a los *manager*s en su capacidad de liderazgo y que les afecte al bolsillo (variable)

4. Búsqueda de resultados concretos, no solo «gestos»
   - Casi en todos los países hay demandas muy específicas: dimisiones, derogación de sistemas de cuotas, comisiones independientes, cambios constitucionales, congelación de cuentas, etc.
   - La Gen Z no se conforma con discursos de reformas futuras: quiere pruebas tangibles de cambio (nombres, leyes, presupuestos).

Pues lo mismo se me ocurre con temas de desigualdad, diversidad, sostenibilidad, salud mental, flexibilidad... etc. No basta con palabras y circunloquios extravagantes para salir del paso: se hace necesario aterrizar los valores con objetivos medibles (brecha salarial, porcentaje de contratos indefinidos jóvenes, presupuesto de sostenibilidad, etc). Comunicar avances periódicamente con datos y aceptar transparencia interna, escrutinio interno, aunque los datos no sean perfectos pero explicando los planes de mejora.

Las encuestas realizadas en el informe «*A Gen Z report*» ya nos señalaban que este grupo es un 92 % más proclive que otras generaciones a protestar por los temas que realmente valora. Doblan al resto de generaciones en pensar que las acciones colectivas les permitirán tener éxito en sus protestas y superan en un 68 % a *millennials* en considerar que las redes sociales pueden ser una clave de éxito para defender sus ideales.

Con los ejemplos plasmados no creo equivocarme si afirmo que hoy el mundo es más convulso, más desigual y más transparente que nunca, y la Generación Z ha decidido que no quiere limitarse a ser espectadora. Si mantienen esta combinación de idealismo, coordinación digital y exigencia de coherencia, el futuro será mucho más incómodo para la corrupción y el cinismo, tanto en política como en las empresas. Y esto me parece bien. Las organizaciones que entiendan este cambio y se alineen de verdad con estos valores no solo sobrevivirán: serán las que lideren el mundo que viene.

CAROLINA CANO

«El liderazgo que perdura es el que potencia a otros, fomenta la seguridad para equivocarse y celebra los logros compartidos».

Carolina pertenece a la generación de los *millennials* (1981-1996) nacida a principios de la década de los 90. Actualmente desempeña rol de HRBP en un *hub* de innovación global del sector farmacéutico. Acompaña la estrategia de personas en un entorno dinámico y multicultural. A lo largo de su trayectoria ha ejercido esta misma función en sectores tan diversos como *retail* y gran consumo, siempre con un enfoque transversal que combina este rol más de negocio y estrategia con el liderazgo de proyectos transversales focalizados en el desarrollo organizacional y de personas.

Tiene 13 años de experiencia laboral, fundamentalmente en el área de Recursos Humanos. Lo que más le costó en sus inicios fue entender la importancia de la política interna de las compañías. La Carolina de 23 años no comprendía cuánto influía el *networking* dentro de una organización y que muchas veces las decisiones se toman más allá de lo que aparece en organigramas o procesos oficiales. Aprendió que es fundamental observar, escuchar y construir relaciones de confianza, identificando a las personas clave y entendiendo cómo se comunican y colaboran los distintos equipos.

Le sorprendió positivamente descubrir que, «cuando actúas con transparencia, respeto y apertura, es posible ganar aliados y colaboradores rápidamente. Estas relaciones no solo facilitan la adaptación, sino que también permiten generar un impacto más efectivo y tomar decisiones con mejor información. Además, entendí que la influencia positiva y la capacidad de leer el entorno son habilidades tan importantes como el conocimiento técnico o los procesos para tener éxito en cualquier organización».

Se congratula de que a lo largo de su trayectoria profesional «he tenido la suerte de contar, en su mayoría, con líderes que han ejercido un estilo de liderazgo muy positivo: personas con una clara orientación a las personas, capaces de delegar y confiar, que ofrecen autonomía y ponen un fuerte foco en el desarrollo del equipo. Ese tipo de liderazgo siempre ha funcionado muy bien conmigo, ya que son aspectos que valoro especialmente y me impulsan a dar lo mejor de mí». Sin embargo también tuvo que gestionar a un superior con una «marcada inestabilidad emocional, lo que dificultaba anticipar reacciones y generaba cierta incertidumbre en el día a día y el equipo»..

De ambas experiencias se lleva aprendizajes muy valiosos:

1. La importancia de la confianza, la autonomía y el desarrollo como pilares de un liderazgo eficaz.

2. La necesidad de estabilidad y humildad en un líder para poder crear entornos de trabajo sostenibles y motivadores.

En cuanto a los estilos de liderazgo que ejerce y agradece destaca el basado en la autonomía y la confianza. Adaptando el nivel de acompañamiento al grado de madurez y experiencia de cada persona, dejando espacio de libertad y decisión que refuerce el sentido de pertenencia a los proyectos. Además considera fundamental «generar un entorno de seguridad psicológica y comunicación abierta, en el que cada persona se sienta cómoda compartiendo sus inquietudes, ambiciones o incluso dificultades. Creo que para desarrollar el talento es imprescindible conocer al equipo, y para ello procuro establecer momentos de conversación y ser la primera en mostrarme abierta y transparente, compartiendo también mis reflexiones. Además, soy una firme defensora del *feedback* y el *feedforward* como herramientas de desarrollo. Siempre he procurado dar *feedback* constructivo, con foco en la mejora, y a la vez he solicitado recibirlo yo misma, porque creo que la reciprocidad en este proceso fortalece la confianza y la credibilidad del líder. Finalmente considero fundamental el reconocimiento. Cuando algo se hace bien hay que celebrarlo, porque ese gesto refuerza la motivación y el compromiso del equipo. En mi experiencia, incluso pequeños reconocimientos generan un impacto positivo y construyen un clima laboral mucho más colaborativo».

De los X y los *boomers* Carolina ha aprendido constancia, compromiso y lealtad al proyecto y a la organización. Ella ha aportado una visión diferente y más flexible, ayudando a abrir perspectivas y gestionar el cambio. Cree que estas dos generaciones deberían ser más abiertas en general al cambio y más rápidas en aceptarlo. Recomienda, a las personas que traten con ellos, que reconozcan y valoren su experiencia, e involucrarlos en proyectos de cambio para que se sientan parte activa y comprometida.

Con su propia generación, los *millennials*, funciona el darles autonomía, flexibilidad y proyectos con propósito. Además, ofrecer desarrollo profesional de calidad. Recomienda involucrarlos en la toma de decisiones y darles visibilidad y participación en proyectos estratégicos

Con los *zoomers* opina que valoran el *feedback* frecuente, entornos colaborativos, oportunidades de aprendizaje rápido y conexión con la innovación. Además recomienda un *feedback* ágil, retos cortos que generen impacto y entornos muy digitalizados.

Lo que nunca se debería hacer con los *millennials* y los *zoomers* es no tenerlos en cuenta, basarse en «lo que siempre se ha hecho» e imponer liderazgos autoritarios.

Una experiencia que me impactó

«Una anécdota que me marcó y de la que aprendí mucho ocurrió al inicio de mis primeros momentos como HRBP. Cometí un error al gestionar una desvinculación: entregué un documento que no correspondía y que podría haber perjudicado a la compañía. Cuando me di cuenta me preocupé y lo pasé mal pensando en las posibles consecuencias para la empresa.

Cuando tuve oportunidad hablé con mi jefe y le expliqué lo que había ocurrido. Al terminar, él me dijo: «Vale, tranquila, esto no te volverá a pasar». Sorprendida le pregunté si no se iba a enfadar ni a regañarme, y me respondió: «Tú misma has detectado el error y has aprendido de él, has sabido valorar la importancia de explicármelo y lo has hecho; no hace falta que yo te diga nada. De los errores se aprende».

De esta experiencia saqué varios aprendizajes: comprendí la importancia de asumir la responsabilidad y actuar rápido cuando detectas un error, que comunicar de manera honesta genera confianza y facilita la resolución de problemas, y que los errores son oportunidades de aprendizaje más que motivos de castigo. También entendí que la confianza y el respeto dentro del equipo permiten transformar los errores en aprendizaje sin generar miedo, y que la autocrítica (no excesiva) y la reflexión personal son herramientas clave para crecer profesionalmente.

En definitiva, esta experiencia me enseñó que la manera en que enfrentamos los errores define nuestra capacidad de aprendizaje, resiliencia y desarrollo. Además, reforzó para mí la idea de que un liderazgo que tolere el error y fomente un entorno seguro es clave para que las personas puedan aprender, asumir responsabilidades y desarrollarse plenamente».

Construyendo puentes

«Creo que las diferentes generaciones pueden complementarse muy bien si se les da la oportunidad de trabajar juntas y compartir experiencias. En mi experiencia, los profesionales más sénior suelen aportar experiencia, visión a largo plazo, constancia y paciencia, mientras que los más jóvenes aportan frescura, innovación, cuestionar el *statu quo* y habilidades digitales. Cuando se combinan ambos enfoques se consigue un aprendizaje mutuo muy valioso y un resultado mucho más completo en los proyectos.

Lo que mejor funciona es crear espacios donde cada generación pueda aportar y aprender de la otra. Por ejemplo, los sénior pueden transmitir conocimiento, contexto histórico de la organización y estrategias que han probado a lo largo del tiempo, mientras los jóvenes pueden compartir nuevas formas de trabajar, herramientas digitales o ideas innovadoras que ayuden a agilizar procesos y adaptarse a cambios rápidamente. Programas de *mentoring* bidireccional, equipos mixtos en proyectos o incluso sesiones informales de intercambio de ideas son formas muy eficaces de que esto suceda. También trabajar la inclusión y poner en marcha formaciones que ayuden a eliminar los prejuicios que a veces se activan cuando se habla de generaciones.

Además, creo que es fundamental generar un ambiente de respeto y confianza, donde todos se sientan escuchados y valorados, sin importar su edad o nivel de experiencia. Cuando esto ocurre se facilita la colaboración, se fomenta la creatividad y se potencia la motivación del equipo. En definitiva, cada generación puede aportar lo mejor de sí misma: los sénior su experiencia y perspectiva estratégica, y los más jóvenes su agilidad, curiosidad y capacidad de innovación. El resultado es un equipo más equilibrado, adaptable y preparado para afrontar retos de manera conjunta».

Carolina es una joven profesional que cualquier buen líder quisiera en su equipo. Lo digo por experiencia. Y sus reflexiones están al mismo nivel que su excelencia profesional. Es una gran persona, una excelente compañera, una mejor colaboradora y tendrá el futuro que ella quiera, y quien lo sepa ver y captar será un afortunado.

Si quieres saber más sobre Carolina, puedes descargarte información adicional sobre ella con ayuda de este código QR:

«Zoomers» y «Generación Alpha». Sujeto activo, sujeto pasivo

Durante mi periodo en la empresa americana AlliedSignal[72] (posteriormente Honeywell), tuve la gran suerte de recibir una formación muy avanzada para la época (hablo de mediados de los años 90) sobre liderazgo, gestión del cambio y transformación organizacional.

Este programa de formación de liderazgo lo trajo Larry Bossidy[73] desde General Electric y su Escuela de Crotonville (Bossidy pasó 34 años en GE antes de llegar a AlliedSignal en 1991). En ese centro de desarrollo directivo, Jack Welch y Noel Tichy convertían a los líderes en *teachers*. Además, recibieron el apoyo de la *business school* de la Universidad de Michigan[74]. El mismo Bossidy aplicó su lógica y formó a unas 15.000 personas en estrategia y liderazgo en su primer año (siendo CEO y *chairman* de AlliedSignal).

Pude formar a más de 400 directivos y mandos intermedios de AlliedSignal, Bendix y Jurid en España. El programa estaba tan bien diseñado que posteriormente lo he ido aplicando con mucho éxito en todas las empresas en las que he trabajado.

Uno de los recursos que una y otra vez fui utilizando fue pedirles a esos directivos,que pensaran en cómo las actuaciones, instrucciones, consejos, apoyo, órdenes, gritos...cualquier cosa de sus jefes, les habían afectado e influido (por lo

---

72 https://en.wikipedia.org/wiki/AlliedSignal

73 https://en.wikipedia.org/wiki/Lawrence_Bossidy

74 «*How Leaders Develop Leader*s» (Training & Development, 1997) y «*The Teaching Organization*».

tanto, qué emociones habían sentido como sujetos pasivos de un líder) para después racionalizar y comprender cómo sus propias actuaciones podían estar repercutiendo en sus equipos (por tanto, cómo su liderazgo como sujetos activos influía en otros). De esta forma era más fácil que empatizaran y comprendieran las reacciones y comportamientos de sus equipos. Como he dicho durante el libro, la actitud de tu equipo es un reflejo de tu liderazgo, para lo bueno y para lo malo. Decir esta frase a un mal líder que no entiende por qué su equipo no lo sigue y no reacciona a lo que él pretende causa impacto. Pero hay que decirla. El siguiente paso es: ¿empezamos a ver qué es lo que tienes que cambiar?

A la luz de lo expuesto quiero dar un paso más, que puede sorprender a los lectores *millennials* y *zoomers:* ¿os habéis planteado que vais a tener que liderar a la Generación Alpha? Estos son los nacidos entre el 2011 y el 2025. Esto significa que, para más o menos el 2030, los primeros Alpha empezarán a incorporarse en el mercado de trabajo y los *early zoomers* tendréis aproximadamente 34 años. Por lo tanto será muy probable que estéis en posiciones de liderazgo y os hará falta influir en ellos. Todo lo dicho hasta aquí, donde os podíais ver como sujetos pasivos, en ese momento pasará a aplicarse como sujetos activos.

Hoy por hoy intentar hacer un pronóstico de cómo será la Generación Alpha se hace complicado, pero no imposible. En el capítulo 3, donde me preguntaba sobre el sentido de los estudios sobre generaciones, os facilitaba un gráfico con la evolución desde *boomers* hasta *centennials* de las respuestas a 2 preguntas: la importancia del propósito en el trabajo y la del liderazgo empático. Y quedaba patente la tendencia a darle mayor relevancia de generación en generación. Sin tener datos todavía de lo que pueda pensar en el futuro la Generación Alpha, pero haciendo una extrapolación de la tendencia de crecimiento, el nuevo gráfico quedaría así:

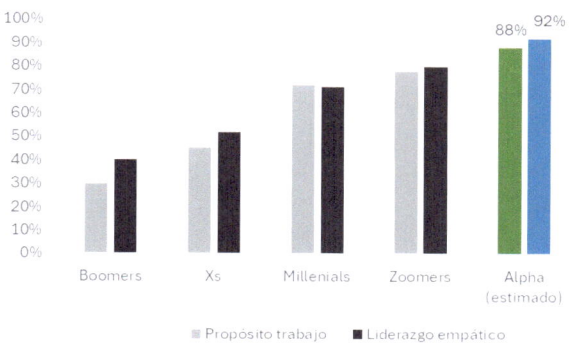

Gráfco 4. Tendencias de la Generación Alpha.

Si esto se cumple, *millennials* y *zoomers* ya podéis espabilar e ir preparados para aprender a gestionar a este nuevo grupo, que será mucho más exigente y demandará, todavía más, estilos de liderazgo bien cultivados, preparados y con un alto grado de empatía.

Si puedo hacer un poco de generación-ficción, pero basada en buenas predicciones, podemos decir:

1. Trabajo muy mediado por IA y automatización: se estima que hasta un 65 % de la Gen Alpha trabajará en empleos que hoy no existen[75], muy ligados a datos, robótica, IA, biotecnología, sostenibilidad, etc.

2. Expectativa de flexibilidad extrema: en encuestas a Alpha (11-17 años) y sus padres, más del 80 % imagina su trabajo con horarios flexibles, menos oficina física y más trabajo desde cualquier lugar[76].

---

75   *The Gen Alpha Workplace: Adapting Office Environments for a New Generation.* Work Design Magazine.

76   https://businessquarter.co.uk/generation-alpha-sees-flexibility-and-ai-defining-work-by-2040

3. Aprendizaje continuo y carreras no lineales: se sugiere que cambiar de rol/sector cada pocos años será normal; micro credenciales, *bootcamps* y aprendizaje autodidacta (YouTube, plataformas *online*) serán tan importantes como la Universidad clásica.[77]

4. Alta sensibilidad a propósito, clima y diversidad (heredado de Y/Z): se espera una fuerte preocupación por la sostenibilidad, el impacto social y la ética de la tecnología, con preferencia por empresas alineadas con estos valores. Por lo tanto buscarán ambientes de trabajo inclusivos (género, identidad, origen, neurodiversidad), serán un «mínimo exigible», no un *nice to have*.

5. Relación diferente con la autoridad y la estructura: probablemente menos paciencia con jerarquías rígidas y *manager*s autoritarios, pero más costumbre de *feedback* inmediato y sistemas de gamificación (puntos, niveles, recompensas).

6. Riesgos y desafíos: mayor riesgo de *burnout* digital, problemas de atención y salud mental si el entorno laboral no pone límites claros al «siempre conectado».

Concluyendo: si algo nos enseña lo recorrido en este libro –desde la formación pionera en liderazgo que impregnó a toda una generación de directivos hasta la mirada hacia el futuro con la Generación Alpha– es que el liderazgo siempre es un espejo y la actitud del equipo un reflejo. Lo que recibimos como sujetos pasivos acaba moldeando inevitablemente lo que proyectamos cuando nos toca ser sujetos activos. Y ese tránsito, que muchos *millennials* y *zoomers* viviréis antes de

---

[77] https://www.iberdrola.com/talent/alpha-generation

lo que imagináis, exigirá una madurez que no se improvisa. Una vez más se ha de practicar y estudiar.

La Generación Alpha no llegará para ajustarse al modelo existente (como os pasó a muchos de vosotros), sino para tensionarlo. Forzará nuevas conversaciones, nuevos estilos y nuevas competencias. Más empatía, más propósito, más flexibilidad, más coherencia. Y, sobre todo, más consciencia del impacto que ejerce un líder en las personas que lo siguen. Humildad y empatía serán innegociables.

Si las tendencias se confirman estaréis ante una grupo que no tolerará liderazgos descuidados ni incoherencias internas. Y, al mismo tiempo, será una generación inmensamente estimulante de dirigir: curiosa, hiperconectada, autodidacta, sensible al impacto y capaz de aprender a velocidades inéditas. Pero solo florecerá con líderes preparados para acompañarla, no para frenarla.

Por eso este es un buen momento para detenerse, formularse una pregunta honesta y reflexionar: ¿qué líder seré cuando llegue la Generación Alpha? Porque el verdadero aprendizaje de este capítulo no es anticipar cómo serán ellos, sino que os toca decidir desde hoy cómo seréis vosotros.

.

Construyendo puentes

No hay empresa sin generaciones. Pero de la misma forma que en la Formula 1 hay un equipo absolutamente compenetrado y coordinado en el *pit stop* capaz de hacer lo que parece imposible, en las empresas se debería buscar la excelencia en la cooperación de equipos y personas. Hay más similitudes entre un joven de 25 años español y otro canadiense que entre una persona de 25 años y otra de 60 del mismo país. En eso radica el interés del estudio de las generaciones. Cada una tiene sus notas que la caracterizan. Saber conjugar sus puntos fuertes para compensar sus otras áreas de mejora debería ser un mandamiento para cualquier CEO. Esta es la tesis de este libro y su apuesta final: cuando colaboramos y reducimos diferencias sumamos esfuerzos y multiplicamos los éxitos.

En la actualidad sí hay un hecho diferencial: es relativamente novedoso y actual ver a 4 generaciones conviviendo de forma generalizada en la misma organización. Históricamente, la mayoría de las veces coincidían 2 o 3 grupos; la gente empezaba a trabajar más joven, pero se jubilaba antes y la esperanza de vida era mucho menor. Desde los años 90 esto está cambiando debido a una mejora en la longevidad y jubilaciones más tardías y estructuras más planas que permiten aportar valor a diferentes edades en paralelo. Esto añade dificultad o interés, según el punto de vista, y en todo caso la necesidad de una gestión más consciente y profesionalizada.

Las generaciones son contextos interrelacionados, no cajas estancas. Los *boomers* y la Gen X aportan memoria institucional, ética del trabajo, criterio en la incertidumbre y un mapa de los atajos que no conviene tomar. Los *millennials* y la Gen Z traen urgencia de sentido, alfabetización digital, agilidad para prototipar y un radar fino para la coherencia. Juntas, estas virtudes convierten el cambio en progreso.

Construir puentes empieza por un gesto básico: reconocer el valor del otro en su mejor versión. No se trata de tolerar sino de apreciar. No se trata de ceder sino de integrar. No es este un libro sobre generaciones: es un libro para todos. Tampoco es un libro que busque respuestas únicas; al contrario: propone una gran variedad de ellas y pretende establecer conversaciones profundas; *millennials* y *zoomers* no son el futuro, son el presente, y con mucho poder transformador. Si sabemos escucharlos, liderarlos y acompañarlos también podremos transformarnos con ellos.

Construir puentes no es un logo o una frase bonita: es un estilo de trabajo. Empieza con un gesto de humildad («¿cómo lo haces tú?»), sigue con una prueba modesta que entrega valor en días y se consolida cuando compartimos el mérito. En ese círculo virtuoso –aprender, aplicar, agradecer– desaparecen los estereotipos y queda lo importante: personas que se ayudan a hacer bien su trabajo y vivir mejor mientras lo hacen.

Estaré encantado de recibir vuestros comentarios, reflexiones, ejemplos o historias e intentaré responder a todas ellas. Soy un firme creyente del proverbio chino que dice «el aroma queda en la mano que entrega la rosa»; por eso he querido escribir este libro. Me dará una gran satisfacción si es de utilidad para vosotros los lectores, pero durante el trayecto de escribirlo he podido oler toda su fragancia.

Si este libro ha servido para ofrecerte palabras, marcos y prácticas, ahora te toca a ti ponerles nombres propios y fechas. No esperes la ocasión perfecta: elige un puente, cruza con quien tengas al lado y deja huella en el camino. Porque el futuro, cuando por fin llega, suele parecerse mucho a los equipos que se atrevieron a construirlo juntos.

Glosario de términos

- *15 -20 % time*: práctica por la que la empresa permite dedicar un 15-20 % de la jornada laboral a proyectos propios o de innovación alineados con la compañía, como forma de aprendizaje y creatividad interna.

- *All hands meeting*: reunión general en la que se convoca a todo el equipo o a toda la empresa para compartir información clave, visión, resultados o cambios relevantes.

- *Bare minimum Mondays*: tendencia (sobre todo en jóvenes) a reservar los lunes para hacer solo lo esencial, protegiendo la salud mental y evitando empezar la semana en modo «estrés máximo».

- *Boot camps*: programas intensivos de formación, generalmente de corta duración (semanas o pocos meses), orientados a adquirir habilidades prácticas de forma rápida. Son comunes en ámbitos como programación, ciberseguridad, *data science* o marketing digital. Suelen ser muy estructurados, con prácticas reales, proyectos y acompañamiento profesional, y están enfocados a facilitar una inserción laboral acelerada.

- *Burnout*: síndrome de desgaste profesional causado por estrés crónico en el trabajo, con agotamiento emocional, cinismo y sensación de ineficacia.

- *Customer satisfaction*: grado en que una empresa cumple o supera las expectativas de sus clientes externos. En el libro lo contrapongo a la necesidad de poner también en el centro la satisfacción del empleado.

- Efecto YDY (*You Do You*): cultura de «sé tú mismo»: priorizar la autenticidad y la coherencia personal por encima de normas rígidas o expectativas ajenas, muy propia de *millennial*s y *zoomers*.

- Efecto YOLO (*You Only Live Once*): mentalidad que lleva a tomar decisiones vitales o profesionales valientes (cambiar de trabajo, país, sector) buscando experiencias con sentido, no solo seguridad.

- *Employee satisfaction*: nivel de satisfacción de las personas que trabajan en la organización; en el libro lo planteo como un nuevo centro de gravedad estratégico frente al foco exclusivo en el *customer satisfaction*.

- Escucha activa: habilidad de escuchar con plena atención, haciendo preguntas, parafraseando y validando emociones, más allá de «esperar tu turno para hablar».

- Estajanovistas: hace referencia a los obreros «estajanovistas» soviéticos, personas que trabajan de forma casi obsesiva, con esfuerzo extremo y muchas horas, a menudo sacrificando su vida personal.

- *Exchange insight*: espacio estructurado donde personas de distintas áreas, niveles o generaciones comparten aprendizajes, datos e *insights*, para romper silos y enriquecer la mirada.

- *Fact checking*: proceso de verificación de hechos y datos para evitar bulos, medias verdades o desinformación, especialmente relevante en entornos digitales y redes sociales.

- *Feedback* 360º: sistema de evaluación en el que una persona recibe *feedback* de su jefe, sus pares, su equipo, e incluso de clientes internos, además de su propia autoevaluación.

- *Feedback*: valoración o evaluación sobre lo que ya se ha hecho.

- *Feedforward*: sugerencias concretas orientadas al futuro y a cómo mejorar en los siguientes pasos.

- *Feeds* algorítmicos: flujos de contenido en redes o plataformas configurados por algoritmos que priorizan lo que «creen» que te interesará, no un orden cronológico puro.

- *Genderless*: enfoque que prescinde de etiquetas tradicionales de género, defendiendo identidades más fluidas y espacios (políticas, comunicación, *dress code*) menos binarios.

- *Ghosting* del candidato: fenómeno en selección donde el candidato deja de responder, no se presenta a entrevistas o desaparece del proceso sin avisar, incluso cuando parecía interesado.

- *Glassdoor*: plataforma en la que empleados y ex-empleados valoran de forma anónima a las empresas (salarios, cultura, liderazgo), influyendo en la marca empleadora.

- *Going to the extramile*: expresión para describir a quien «va a la milla extra», es decir, hace más de lo exigido formalmente, aportando valor adicional de forma voluntaria.

- *Great Place To Work*: consultora y *ranking* internacional que certifica y reconoce a las empresas con mejor clima laboral y prácticas de personas.

- *Greenwashing* (lavado verde): usar mensajes de sostenibilidad y ecología en marketing sin que haya cambios reales o profundos en las prácticas de la empresa.

- *Hackathon*: evento intensivo (normalmente de 1-3 días) en el que equipos multidisciplinares trabajan en retos concretos para crear soluciones, prototipos o nuevas ideas.

- Incubadora corporativa: estructura dentro de una empresa que acompaña, financia y acelera proyectos internos o *startups*, desde la idea hasta un modelo de negocio viable.

- *Infotainment*: mezcla de información y entretenimiento; contenido que quiere informar pero usando formatos atractivos y «ligeros», muy propio de redes y plataformas digitales.

- *Jeong* (término coreano): vínculo afectivo profundo, cálido y duradero entre personas. En el libro Lorena lo comenta como inspiración para una forma de gestión de Recursos Humanos basada en la conexión genuina, la empatía y la lealtad mutua.

- *Lead by example* (liderar con el ejemplo): el comportamiento del líder es coherente con lo que exige a los demás y se convierte en la referencia práctica del equipo.

- *Leadership washing* (versión líder del *greenwashing)*: discursos sobre liderazgo humano, inclusivo o empático que no se corresponden con las conductas reales del día a día.

- *Mentee*: persona que recibe acompañamiento en una relación de *mentoring*; la parte que aprende reflexiona y se desarrolla bajo la guía de alguien más experimentado.

- Mentor: profesional con más experiencia que acompaña a otra persona (*mentee*) compartiendo conocimientos, perspectivas y consejos de desarrollo.

- Mentoring: relación estructurada mentor-*mentee* orientada al crecimiento profesional y personal, con conversaciones periódicas y objetivos de aprendizaje.

- Modelo 1-1-1: compromiso (inspirado en *salesforce*) por el que una empresa dona el 1 % de su tiempo, el 1 % de su producto y el 1 % de su capital a causas sociales.

- Movimiento *pledge*: iniciativa por la que empresas o personas firman un *pledge* (compromiso público) para dedicar parte de sus recursos a impacto social, propósito o sostenibilidad.

- *Nepo babie*s (término coloquial que viene de *nepotism babies*): se utiliza para referirse a hijos o familiares de personas famosas o influyentes que logran oportunidades profesionales –especialmente en el entretenimiento, moda, música o cine– gracias a esas conexiones familiares. No implica necesariamente falta de talento, pero sí que su acceso a la industria ha sido facilitado por el apellido o la red de contactos.

- *No show*: caso en que una persona (normalmente un candidato ya contratado) no se presenta el primer día de trabajo o a una cita clave sin avisar.

- *Onboarding*: proceso de acogida e integración de una nueva persona en la empresa, desde la bienvenida inicial hasta que entiende su rol, cultura, herramientas y relaciones clave.

- Porgómanos (Portadores Gozosos de Malas Noticias): personas que disfrutan de comentar y expandir las malas noticias que puedan surgir, crear y extender rumores injustificados y provocar un ambiente tóxico. Son un veneno para las empresas y hay que extirparlos.

- *Quiet quitting*: actitud de trabajar estrictamente según la descripción del puesto, sin hacer horas extras ni sobreesfuerzos, como forma de proteger límites y la salud mental.

- *Reverse mentoring* (mentoría inversa): una persona joven (normalmente *millennial* o *zoomer*) acompaña y enseña a un directivo sénior en temas digitales, culturales o de nuevas sensibilidades.

- Servidor *discord*: espacio virtual dentro de la plataforma *discord* que funciona como una comunidad organizada por canales de texto, voz y vídeo. Cada servidor tiene sus propias reglas, roles de usuario, permisos y temas (*gaming*, estudio, ocio, empresa, proyectos, etc.).

- *Shadow opening*: práctica de desarrollo en la que una persona «sombrea» (observa y acompaña) a otra en su puesto durante un tiempo para aprender el rol desde dentro antes de asumirlo.

- *Side hustle*: actividad profesional paralela (*freelance*, proyecto propio, negocio pequeño) que se suma al trabajo principal, ya sea por ingresos extra o por vocación.

- *Skip level meeting*: reunión informal entre personas de diferente rango, departamentos y responsabilidades con el fin de facilitar comunicación bidireccional de forma libre, fresca y espontánea. Suele compartirse un desayuno o tentempié y una presentación inicial de situación pero posteriormente la agenda es libre.

- *Slack*: plataforma de mensajería y colaboración muy extendida en entornos digitales, que organiza la comunicación en canales por equipo, proyecto o tema.

- *Soft skills*: habilidades «blandas»: comunicación, empatía, trabajo en equipo, liderazgo, influencia, gestión emocional... cruciales en el nuevo liderazgo.

- *Squads* (talleres): Talleres prácticos, cortos e intensivos, en grupos reducidos, para trabajar un tema (liderazgo, *feedback*, etc.) de forma experiencial.

- *Sunday scaries*: sensación de ansiedad, preocupación o bajón emocional que muchas personas sienten el domingo al pensar en la semana laboral que empieza.

- Trifecta: conjunto de tres elementos que, combinados, producen un resultado especialmente potente (por ejemplo, resultados+personas+propósito).

- TUNA: acrónimo de *Turbulent*, *Uncertain*, *Non-linear*, *Ambiguous*: evolución del VUCA para describir entornos todavía más cambiantes y difíciles de predecir.

- *Venture builder*: estructura (interna o externa) que crea *startups* de forma sistemática: identifica ideas, monta equipos, financia y lanza nuevos negocios.

- VUCA: acrónimo de *Volatility, Uncertainty, Complexity, Ambiguity*, usado para describir el contexto actual en el que operan empresas y líderes.

- *Whistleblowing*: mecanismos y cultura que permiten a empleados denunciar, de forma segura y a menudo anónima, prácticas ilegales o poco éticas dentro de la organización.

KOLIMA
BOOKS